INITIALEN

Nina Rubach,
geboren 1991, studiert seit 2012
Buchwissenschaft und Germanistik an
der Johannes Gutenberg-Universität
Mainz. Mit dieser Arbeit erlangte sie den
Bachelor of Arts und führt ihr Studium
seit dem Wintersemester 2015/2016 im
Master fort.

Nina Rubach

Open Innovation in der Buchbranche

Ein neues Konzept von Innovation und sein Niederschlag bei Verlagen und Start-Ups

© 2016 Mainzer Institut für Buchwissenschaft

Gesetzt aus Minion Pro und Myriad Pro
in der Lehrdruckerei des Instituts für Buchwissenschaft
von Elke Hittinger und Hannah Klusmann

Lektorat Angela Dobbelstein

Marketing/PR Sheila Mbala-Makumaya

Print ISBN 978-3-945883-33-4
EPUB ISBN 978-3-945883-34-1
PDF ISBN 978-3-945883-35-8

INHALT

1 EINLEITUNG

Dass die Marktsituation für Verlage derzeit nicht einfach ist, ist keine neue und kaum noch erstaunliche Nachricht. Sind die Umsätze laut Börsenverein in den letzten Jahren zwar wieder stabil, verändert sich dennoch das Erlöspotenzial der Verlage, vor allem durch digitale Produkte.[1] Besonders e-Books bringen inzwischen nicht mehr die Umsatzkraft mit sich, die sich noch 2012 deutlich abzeichnete.[2] Darauf müssen Verlage mit neuen Ansätzen und Ideen reagieren. Die Veränderungen, die die Buchbranche erfährt, sind grundlegend und werden hauptsächlich durch die Digitalisierung ausgelöst. Im Zuge dessen sind Erneuerngen wie digitale Geschäftsmodelle, elektronisches Publizieren, Onlinehandel, neue Kundenbedürfnisse und Konkurrenz durch internationale Wettbewerber zentrale Herausforderungen geworden, die die Unternehmen der Branche bewältigen müssen.[3] Um sich diese Veränderung zu Nutzen zu machen und Verlagsunternehmen vor dem wirtschaftlichen Scheitern zu bewahren, müssen neue strategische Wege ausgelotet werden. Vor allem die Entwicklung neuer Services, Produkte und Projekte steht derzeit für viele Verlage im Vordergrund. Ein hoher Wettbewerbs- und Substitutionsdruck macht Innovationen und neue Entwicklungen zusätzlich bedeutsamer denn je.[4] Aufgrund dessen stellt Innovationsmanagement aktuell einen wichtigen Aspekt für Unternehmen der Buchbranche dar.

1   Vgl. Buch und Buchhandel in Zahlen 2014. Hrsg. vom Börsenverein des Deutschen Buchhandels e.V. Frankfurt am Main: MVB Marketing- u. Verlagsservice des Buchhandels GmbH 2014, S. 5.
2   Vgl. ebenda, S. 24.
3   Vgl. Bösch, Ulla/Müller, Ulrike/Schlüter, Okke: Studie zu Erfolgsfaktoren für strategische Innovationen im Buchmarkt. 2014, S. 11.
4   Vgl. ebenda, S. 4.

Derzeit wird vor allem in der Forschung und Entwicklung das Konzept der Open Innovation als neue Strategie des Innovationsmanagements eingeführt, um die Innovationsfähigkeit von Unternehmen zu erhöhen und diesen die Nutzung externen Wissens stärker zu ermöglichen.[5] Dieses Konzept breitet sich von Hochtechnologiekonzernen über andere Industriezweige bis in die Kulturbranche aus und stellt somit auch für die Buchbranche ein interessantes Innovationsinstrument dar, das es in dieser Arbeit zu untersuchen gilt.[6]

Innovation wird häufig als Sammelbegriff verwendet und umfasst vor allem die Begriffe Verbesserung und Erneuerung. Grundsätzlich ist Innovation zudem mit Aufbruch und Veränderung konnotiert, impliziert jedoch ebenso Hingabe und Leidenschaft. Dabei spielt der Grad der Veränderung vorerst keine Rolle – Innovation kann sich von Detailentwicklungen bis hin zu umfassenden Neuentwicklungen bewegen.[7] Innovation ist dabei immer mit Wissen verbunden. Dieses Wissen kann sowohl fachliche Expertise als auch Ideen und Vorschläge von Kunden oder Nutzern umfassen. Entscheidend ist, dass Wissen von Unternehmen akquiriert wird. Henry Chesbrough stellt diesbezüglich heraus:

> *As product life cycles shorten and as external options grow, it becomes*
> *increasingly important for companies to increase the metabolic rate*
> *at which they process knowledge. Customers won't wait indefinitely*
> *for better products, and competitors won't make them wait for those*
> *products.*[8]

Es gibt im digitalen Zeitalter viele Möglichkeiten, Wissen zu beschaffen. Eine Möglichkeit liegt in der Einführung offener Innovationsprozesse in die Unternehmenskultur, ebenfalls von Chesbrough verdeutlicht:

> *Open Innovation is the use of purposive inflows and outflows of*
> *knowledge to accelerate internal innovation, and expand the markets*
> *for external use of innovation, respectively.*[9]

5   Vgl. Enkel, Ellen/Gassmann, Oliver: Neue Ideenquellen erschließen – Die Chancen von Open Innovation. In: Marketing Review St. Gallen (2009) 2, S. 6–11, hier S. 6.

6   Vgl. Chesbrough, Henry/Enkel, Ellen/Gassmann, Oliver: The future of open innovation. In: R&D Management 40 (2010) 3, S. 213–221, hier S. 213.

7   Vgl. Bergmann, Gustav/Daub, Jürgen: Systemisches Innovations- und Kompetenzmanagement. Grundlagen – Prozesse – Perspektiven. Wiesbaden: Gabler 2006, S. 53.

8   Chesbrough, Henry: Open Innovation. The New Imperative for Creating and Profiting from Technology. Boston: Harvard Business School Press 2003, S. 38.

9   Chesbrough, Henry: Open Innovation: A New Paradigm for Understanding Industrial Innovation. In: Open Innovation: Researching a New Paradigm. Hrsg. von Henry Chesbrough, Wim Vanhaverbeke u. Joel West. New York: Oxford University Press 2006, S. 1–12, hier S. 1.

Dieses Konzept fördert eine Loslösung von klassischen Vorstellungen des Innovationsprozesses, der sich weitgehend innerhalb des Unternehmens abspielt.[10] Dies bedeutet nicht, dass das Innovationsmanagement aus dem Unternehmen ausgegliedert wird, vielmehr muss Innovation als Kernkompetenz des Unternehmens aufgefasst werden, da es Unternehmen nur so gelingt, nachhaltig Kundenbedürfnisse zu befriedigen und sich gegenüber Wettbewerbern zu behaupten.[11] Open Innovation soll dabei helfen, innovative Prozesse zu vereinfachen und die Innovationsfähigkeit des Unternehmens zu erhöhen, da dies als Schlüssel für Wachstum und Unternehmenserfolg angesehen wird.[12]

In dieser Arbeit soll sowohl die Innovationsfähigkeit der Buchbranche untersucht als auch gezielt auf die Anwendbarkeit des Konzepts der Open Innovation innerhalb der Branche hingearbeitet werden. Um eine theoretische Grundlage dieser Untersuchung zu schaffen, wird zunächst das Konzept der Open Innovation dargelegt und in seinen verschiedenen Ausprägungen erläutert. Anschließend wird anhand von Expertengesprächen der Innovationsstand der Buchbranche herausgearbeitet. Ziel ist es, einen umfassenden Blick auf die Branche zu gewährleisten, der es ermöglicht, Handlungsempfehlungen zu erstellen und neue Wege des Innovationsmanagements aufzuzeigen. Im Fokus dieser Arbeit steht zudem die Frage, wie sich das Konzept der Open Innovation in Verlagen und Start-Ups niederschlägt und inwieweit diese sich das neue Innovationsinstrument zu Nutzen machen. Um dem nachzugehen, wurden Interviews mit Verlagen und Start-Ups geführt. Aufgrund der Darstellung der insgesamt acht Interviews, die maßgeblich Kernbestand dieser Untersuchung sind und deshalb alle Beachtung finden sollen, ist der Umfang dieser Ausarbeitung größer als ursprünglich zu erwarten war.

1.1 Forschungsbericht

Diese Arbeit orientiert sich im Wesentlichen an Henry Chesbrough und seinen Veröffentlichungen zum Thema Open Innovation. Chesbrough gilt als einer der Vorreiter auf dem Forschungsgebiet des offenen Innovationsmanagements und veranschaulicht in seinem Werk »Open Innovation.

---

10 Vgl. Piller, Frank/Reichwald, Ralf: Interaktive Wertschöpfung. Open Innovation, Individualisierung und neue Formen der Arbeitsteilung. 2., vollständig überarbeitete und erweiterte Auflage. Wiesbaden: Gabler 2009, S. 117.

11 Vgl. Hochmeier, Alexander: Kritische Erfolgsfaktoren im Innovationsmanagement. Aktuelle Handlungspraxis und Werkzeuge zur Identifikation von Handlungsbedarfen. Wiesbaden: Springer Gabler 2012, S. 33.

12 Vgl. Piller/Reichwald: Interaktive Wertschöpfung, S. 117.

The New Imperative for Creating and Profiting from Technology«[13] den Umbruch von geschlossenen zu offenen Innovationsprozessen. In einigen gesichteten Aufsätzen untermauert er die Vorteile offener Innovationsprozesse, was für diese Arbeit, zur Untersuchung der Anwendbarkeit von Open Innovation innerhalb der Buchbranche, von besonderem Interesse ist. Den Artikel »Open R&D and open innovation: exploring the phenomenon«[14] verfasste Chesbrough zusammen mit Ellen Enkel und Oliver Gassmann, die das Konzept der Open Innovation in Deutschland untersuchen und gemeinsam bedeutende Aufsätze zu Kernprozessen der Open Innovation verfasst haben. Für diese Arbeit sind insbesondere die Artikel »Neue Ideenquellen erschließen – Die Chancen von Open Innovation«[15] und »Open Innovation. Die Öffnung des Innovationsprozesses erhöht das Innovationspotenzial«[16] von Bedeutung. Auch Kathrin M. Möslein und Anne-Kathrin Neyer setzen sich mit Open Innovation innerhalb deutscher Unternehmen auseinander und fundieren die Erkenntnisse Chesbroughs in ihrem Aufsatz »Open Innovation. Grundlagen, Herausforderungen, Spannungsfelder«[17].

Um zusätzlich zu der Einführung des Begriffs der Open Innovation grundlegende Termini des Innovationsmanagements zu definieren, wurde das Werk »Systemisches Innovations- und Kompetenzmanagement. Grundlagen – Prozesse – Perspektiven«[18] von Gustav Bergmann und Jürgen Daub herangezogen.

Die Literaturrecherche zu Open Innovation gestaltete sich ertragreich, es wurden zahlreiche weitere Zeitschriftenaufsätze und Sammelbände zusammengetragen, welche sich hauptsächlich auf den Bereich der Forschung und Entwicklung beziehen. Die Forschungsgrundlage bezüglich des Innovationsmanagements in der Buchbranche ist weniger gut fundiert. Wissenschaftlich wurde das Thema bisher nur unzureichend behandelt, es wird sich deshalb in dieser Ausarbeitung vor allem auf die Studie[19] der *books in action*

13 Chesbrough: Open Innovation. The New Imperative for Creating and Profiting from Technology..
14 Chesbrough, Henry/Enkel, Ellen/Gassmann, Oliver: Open R&D and open innovation: exploring the phenomenon. In: R&D Management 39 (2009) 4, S. 311–316.
15 Enkel,/Gassmann,: Neue Ideenquellen erschließen..
16 Enkel, Ellen/Gassmann, Oliver: Open Innovation. Die Öffnung des Innovationsprozesses erhöht das Innovationspotenzial. In: Zeitschrift Führung und Organisation 75 (2006) 3, S. 132–138.
17 Möslein, Kathrin M./Neyer, Anne-Katrin: Open Innovation. Grundlagen, Herausforderungen, Spannungsfelder. In: Kommunikation als Erfolgsfaktor im Innovationsmanagement. Strategien im Zeitalter der Open Innovation. Hrsg. von Ansgar Zerfaß u. Kathrin M. Möslein. Wiesbaden: Gabler 2009, S. 85–103.
18 Bergmann/Daub: Systemisches Innovations- und Kompetenzmanagement.
19 Bösch/Müller/Schlüter: Studie zu Erfolgsfaktoren für strategische Innovationen im Buchmarkt.

Initiative bezogen, die strategische Innovationen im Buchmarkt untersucht. Zusätzlich wurden verschiedene Online-Quellen ausgewertet, unter anderem Verlagswebsites oder Artikel des Börsenblatts. Um die Forschungsgrundlage zu erweitern wurden im Rahmen dieser Arbeit Interviews geführt – das genaue Vorgehen sowie die einzelnen Interviewpartner werden im Methodenteil und den entsprechenden Kapiteln vorgestellt. Als Grundlage zur Erstellung des Leitfadens, der Notation und Auswertung dienten »Interview und schriftliche Befragung. Grundlagen und Methoden empirischer Sozialforschung«[20] von Horst Otto Mayer sowie Meuser und Nagels Aufsatz »Experteninterviews – vielfach erprobt, wenig bedacht. Ein Beitrag zur qualitativen Methodendiskussion«[21].

20 Mayer, Horst Otto: Interview und schriftliche Befragung. Grundlagen und Methoden empirischer Sozialforschung. 6. überarbeitete Auflage. München: Oldenbourg 2013.
21 Meuser, Michael/Nagel, Ulrike: Experteninterviews – vielfach erprobt, wenig bedacht. Ein Beitrag zur qualitativen Methodendiskussion. In: Qualitativ-empirische Sozialforschung: Konzepte, Methoden, Analyse. Hrsg. von Detlef Garz u. Klaus Kraimer. Opladen: Westdeutscher Verlag 1991, S. 441–471.

2 OPEN INNOVATION – EIN NEUES INNOVATIONSPARADIGMA

Open Innovation ist eine neue Strategie des Innovationsmanagements[22], die vor allem durch Henry Chesbrough und sein Werk »Open Innovation. The New Imperative for Creating and Profiting from Technology« geprägt wurde. Im Folgenden soll dieses Konzept erläutert werden und als theoretische Grundlage dieser Arbeit dienen. Hierzu ist es zunächst notwendig, den Begriff der Innovation genauer zu betrachten.

Laut Duden ist eine Innovation in der Wirtschaft die »Realisierung einer neuartigen, fortschrittlichen Lösung für ein bestimmtes Problem, besonders die Einführung eines neuen Produkts oder die Anwendung eines neuen Verfahrens«[23]. Die systemischen Berater Bergmann und Daub sehen in Innovationen zunächst schlicht Erneuerungen, weisen aber darauf hin, dass Innovationen zusätzlich differenziert werden können, beispielswiese nach dem Grad ihrer Neuheit.[24] Im Rahmen dieser Arbeit beschränkt sich die Differenzierung von Innovation auf Produkt- und Prozessinnovation. Produktinnovation umfasst dabei eine Neuerung im Sachleistungs- beziehungsweise Angebotsprogramm. Prozessinnovation bezieht sich hingegen auf eine neuartige Faktorenkombination bei der Produktion eines Gutes, die auf Effizienzsteigerung abzielt.[25] Das bedeutet, dass bei der Produktinnovation der Fokus auf einer Dienstleistung, einem Produkt oder Angebot liegt und bei der Prozessinnovation entsprechend auf Produktionsverfahren oder Vertriebssystemen.[26]

---

22 Vgl. Enkel/Gassmann: Neue Ideenquellen erschließen, S. 6.
23 O.A.: Innovation. In Website des Duden. URL: http://www.duden.de/rechtschreibung/Innovation [22.06.2015].
24 Vgl. Bergmann/Daub: Systemisches Innovations- und Kompetenzmanagement, S. 62.
25 Vgl. Piller/Reichwald: Interaktive Wertschöpfung, S. 120–121.
26 Vgl. ebenda, S. 121.

Es bleibt festzuhalten, dass unter Innovation die Erneuerung von Produkten oder Prozessen sowie die Realisierung zukunftsweisender Problemlösungsverfahren verstanden werden. Die Fähigkeit eines Unternehmens, gezielt und kontinuierlich Innovationen hervorzubringen, wird unter den Begriff der Innovativität gefasst.[27]

Nachdem der Begriff Innovation definiert wurde, soll im Folgenden auf das Konzept der Open Innovation eingegangen werden. Es handelt sich bei der Begrifflichkeit Open Innovation um eine konzeptionelle Zusammenfassung, die allgemein gesprochen die Öffnung von Innovationsprozessen meint.[28] Chesbrough beschreibt diese Öffnung als eine Reaktion auf Veränderungen in der Unternehmenslandschaft: Um Innovativität zu gewährleisten sei es nicht mehr ausreichend, dass Unternehmen sich auf ihre internen Kräfte beschränken, Wissen müsse ebenso von außerhalb einbezogen werden. Diese Erkenntnis führt zu einer Erosion des alten Paradigmas der geschlossenen, unternehmensinternen Innovation.[29] Diese so genannte Closed Innovation ist das Gegenstück zur Open Innovation. Chesbrough sieht Unternehmen im Paradigma der Closed Innovation sinnbildlich als kleine Festungen, über deren Mauern nichts hinausgeht und nichts hineinkommt. Diese autarken Unternehmen funktionierten eine Weile sehr gut. In der aktuellen Wirtschaftslage, die durch hohen Substitutions- und Wettbewerbsdruck geprägt ist, haben sie jedoch an Effizienz gegenüber globalen Wettbewerbern eingebüßt und benötigen externen Input, um weiterhin innovativ zu arbeiten.[30] »What we need is a new logic of innovation to replace the logic of the earlier period«[31], engagiert sich Chesbrough diesbezüglich. Das neue Paradigma der Open Innovation löst sich von der klassischen Sichtweise des Innovationsmanagements und erkennt das Potenzial der Öffnung. Durch Open Innovation wird der Innovationsprozess ein vielschichtiger, offener Such- und Lösungsprozess, der zwischen mehreren Akteuren und über die Unternehmensgrenzen hinweg abläuft. Das befähigt Unternehmen, Aufgaben an Akteure auszulagern, die besondere Kompetenzen aufweisen.[32]

Zusammenfassend lassen sich Möslein und Neyer zitieren, die das Konzept Chesbroughs auf den Punkt bringen:

27 Vgl. Bösch, Müller/Schlüter: Studie zu Erfolgsfaktoren für strategische Innovationen im Buchmarkt, S. 6.
28 Vgl. Enkel/Gassmann: Open Innovation, S. 132.
29 Vgl. Chesbrough: Open Innovation, S. 34.
30 Vgl. ebenda, S. 24.
31 Ebenda, S. 51.
32 Vgl. Piller/Reichwald: Interaktive Wertschöpfung, S. 117.

Open Innovation bezeichnet Innovationsprozesse, die nicht an den Grenzen von Unternehmen oder deren Innovationsabteilungen enden, sondern Akteure unabhängig von deren institutioneller Zugehörigkeit als Ideengeber, Konzeptentwickler oder auch Innovationsumsetzer in die Gestaltung von Innovationen einbinden.[33]

Open Innovation umschreibt also ein Konzept, bei dem Unternehmen auf externe Wissens- und Ideenquellen setzen, um effizienter, effektiver und schneller zu entwickeln und zu innovieren. Dabei muss allerdings die richtige Balance zwischen internen und externen Entwicklungen gefunden werden, so sollten Kernkompetenzen beispielsweise nicht ausgelagert werden.[34] Derzeit ist Open Innovation hauptsächlich in Hochtechnologiekonzernen auffindbar, breitet sich aber immer mehr in andere Branchen aus.[35] Dabei zeigt sich Open Innovation in seinen unterschiedlichen Facetten – immer aber als Teil des Innovationsmanagements.

Um Umfang, Bedeutung sowie Chancen und Möglichkeiten von Open Innovation näher zu kommen, wird in den folgenden Kapiteln Open Innovation als Managementinstrument untersucht und anschließend in einigen ausgewählten Ausprägungen betrachtet.

2.1 Open Innovation als Instrument des Innovationsmanagements

Nachdem ein Grundverständnis für den Prozess der Open Innovation geschaffen wurde, soll dieser Ansatz als Teil des Innovationsmanagements untersucht werden. Open Innovation wird dabei als Instrument aufgefasst, das Unternehmen gezielt und planmäßig in ihre Innovationsprozesse einbinden, um ihre Effizienz und vor allem ihre Innovativität zu steigern – sei es auf Produkt- oder Prozessebene.

Wie bereits verdeutlicht wurde, lässt sich das Konzept der Open Innovation nicht ohne den Begriff des Innovationsmanagements beschreiben.

Das Innovationsmanagement umfasst die Initiative, die Prozessbegleitung und Rahmengestaltung für Erneuerungsprozesse von der Idee und Erkenntnis über die Problemlösung zur erfolgreichen Verwirklichung und Einführung. [...] Das Innovationsmanagement auf der jeweiligen

---

33   Möslein/Neyer: Open Innovation, S. 85.
34   Vgl. Enkel/Gassmann: Neue Ideenquellen erschließen, S. 6.
35   Vgl. Chesbrough, Henry/Crowther, Adrienne Kardon: Beyond high tech: early adopters of open innovation in other industries. In: R&D Management 36 (2006) 3, S. 229–236, hier S. 229.

Ebene stellt die notwendigen Ressourcen bereit, achtet auf die Initiative durch Impulse.[36]

Diese Arbeit schließt sich dieser Definition an, weil Bergmann und Daub veranschaulichen, dass das Innovationsmanagement bei einem erfolgreichen Innovationsprozess von Beginn bis Ende eingebunden sein muss. Das geht über die »klassischen« Funktionen des Managements hinaus. Klassisches Management umfasst meist nur eine Steuerungsfunktion, teilweise auch eine Optimierungsfunktion, allerdings nicht in dem Maße, in dem sie für erfolgreiche Innovation notwendig ist. Die Aufgabe des reinen Managements liegt nicht darin, etwas Neues zu entwickeln.[37] Gerade deshalb kann Innovationsmanagement als ergänzendes Instrument betrachtet werden.

Im Zusammenhang mit dem Konzept der Open Innovation ist besonders der Hinweis auf die Ressourcen zu berücksichtigen. Laut Bergmann und Daub ist es notwendig, dass das Management diese zur Verfügung stellt – damit ist nicht nur ein entsprechendes Budget gemeint, sondern beispielsweise auch fähige Akteure. Chesbrough proklamiert das Ende der Closed Innovation unter anderem aufgrund der Tatsache, dass sich Wissen immer weiter verbreite und durch das Internet und die unzähligen Vernetzungsmöglichkeiten neue Zugänge zu Wissen vorhanden seien.[38] Das heißt im Umkehrschluss, dass Open Innovation von diesem weit verbreiteten Wissen profitieren kann, wenn das Innovationsmanagement es sich zur Aufgabe macht, dieses Wissen zu akquirieren. Das geschieht oft durch die Einbindung von Mitarbeitern aus anderen Unternehmen, Akteuren aus anderen Branchen oder Kunden und Nutzern.[39]

Die Erläuterung des Innovationsmanagements und seiner Funktion zeigt, dass sich der Prozess der Open Innovation als ein Managementinstrument begreifen lässt. Es stellt sich die Frage, was Open Innovation von anderen Instrumenten abgrenzt und wie sich die Leistung des Innovationsprozesses durch diesen Ansatz erhöhen lässt.

Zunächst sollte hierfür eine Abgrenzung zur Marktforschung getroffen werden, denn wie bereits erwähnt betreibt Open Innovation oftmals aktive Kundenintegration, um passgenaue Lösungen zu entwickeln, die sich erfolg-

---

36 Bergmann/Daub: Systemisches Innovations- und Kompetenzmanagement, S. 69.
37 Vgl. DeBono, Edward: Steinzeit-Denken im Zeitalter des Computers. In: Management von Innovation und Wachstum. Hrsg. von Arthur D. Little. Wiesbaden: Gabler 1997, S. 19–28, hier S. 21.
38 Vgl. Chesbrough: Open Innovation, S. 44–45.
39 Vgl. Enkel/Gassmann: Open Innovation, S. 137.

reich im Markt etablieren lassen.[40] Open Innovation überschreitet dabei die Grenzen der Marktforschung, welche sich häufig nur mit Tatbeständen eines Marktes auseinandersetzt und sich ausschließlich mit einer systematischen und empirischen Erfassung von Informationen über Absatz- und Beschaffungsmärkte eines Unternehmens beschäftigt.[41] Nachteil der klassischen Marktforschung ist zudem, dass die Nutzung von Kundenwissen sich nicht über den gesamten Innovationsprozess erstreckt.[42]

Für eine Etablierung von Open Innovation in Unternehmen sprechen mehrere positive Eigenschaften dieses Konzepts. Zum einen präsentiert sich ein Unternehmen durch das Öffnen seiner Innovationsprozesse als gut strukturiert und transparent, was vor allem für Nutzer und Kunden enorm wichtig ist.[43] Dadurch wird eine unmittelbare Verbindung zum Verbraucher hergestellt.[44] Zum anderen kann Open Innovation einen besseren Zugang zu Bedürfnis- und Lösungsinformation bereitstellen, wodurch wiederum der Innovationsprozess an Effizienz und Effektivität gewinnt. Für Bedürfnisinformation sorgen erneut Kunden und Nutzer und bringen ihren Mehrwert gegenüber ihrer passiven Funktion in der klassischen Marktforschung ein. Für Lösungsinformation sorgen beispielsweise Experten von Hochschulen und Universitäten, die durch Open Innovation mit Unternehmen vernetzt werden.[45] Außerdem verlassen Unternehmen durch Open Innovation vorhandene Konventionen und es kommt durch Nutzung der interaktiven Wertschöpfung zu einem verbesserten Entwicklungsprozess.[46] Unternehmen können durch Open Innovation überdies gestiegene Anforderungen bewältigen, Risiken und Ressourceneinsatz minimieren und bestehende Geschäftsbeziehungen pflegen.[47]

---

40   Vgl. Meier, Anja S.: Open Innovation – Der Kunde als Innovationspartner. In: Innovationsorientierte Personalentwicklung. Konzepte, Methoden und Fallbeispiele für die Praxis. Hrsg. von Benjamin Schültz, Philipp Strothmann, Claudia T. Schmitt u. Lothar Laux. Wiesbaden: Springer Gabler 2014, S. 223–240, hier S. 231.

41   Vgl. Bruhn, Manfred: Marketing. Grundlagen für Studium und Praxis. 12., überarbeitete Auflage. Wiesbaden: Springer Gabler 2014, S. 89.

42   Vgl. Piller/Reichwald: Interaktive Wertschöpfung, S. 151.

43   Vgl. Meier: Open Innovation – Der Kunde als Innovationspartner, S. 239.

44   Vgl. ebenda, S. 224.

45   Vgl. Piller/Reichwald: Interaktive Wertschöpfung, S. 153–154.

46   Vgl. ebenda, S. 116.

47   Vgl. Herstatt, Cornelius/Nedon, Verena: Open Innovation – Eine Bestandsaufnahme aus Sicht der Forschung und Entwicklung. In: Motoren der Innovation. Zukunftsperspektiven der Innovationsforschung. Hrsg. von Carsten Schultz u. Katharina Hölzle. Wiesbaden: Springer Gabler 2014, S. 247–266, hier S. 263.

Wie dargelegt, werden in der erschlossenen Forschungsliteratur einige Vorteile und Chancen der Open Innovation genannt. Inwieweit diese auch auf die Buchbranche zutreffen, wird im Laufe dieser Arbeit geprüft, denn es besteht auch eine gewisse Gefahr darin, Unternehmen für Externe zu öffnen und ihnen Zugang zu internen Innovationsprozessen zu verschaffen. Über Risiken und Nachteile sowie den Mehrwert von Open Innovation in der Buchbranche wird am Ende dieser Arbeit diskutiert.

2.2 Verschiedene Ansätze des Open Innovation-Konzepts

Open Innovation ist zunächst als Konzept zu verstehen, das generell die Öffnung des Innovationsprozesses von Unternehmen beschreibt. Im Folgenden soll die neue Rolle des Innovationsmanagement – im Sinne der Open Innovation – in einigen ausgewählten Ausprägungen untersucht werden. Dabei spielt das Wissen, das außerhalb eines Unternehmens vorhanden ist, eine übergeordnete Rolle.

Ziel der Darstellung ist es, das Konzept besser zu verstehen und anhand der unterschiedlichen Ansätze die Möglichkeiten der Open Innovation aufzuzeigen. Zusätzlich werden hier Ansätze betrachtet, die für die Buchbranche relevant sein können.

2.2.1 Inside Out- und Outside In-Prozesse

Enkel und Gassmann vertreten die Auffassung, dass es drei Kernprozesse der Open Innovation gibt: Es handelt sich dabei um Inside Out-, Outside In- und Coupled-Prozesse.[48] Im Folgenden werden vor allem der Inside Out- und der Outside In-Prozess näher untersucht.

Zunächst lässt sich festhalten, dass es sich bei beiden Prozessen um eine Art Umleitung von Wissen handelt. Der Inside Out-Prozess umfasst die externe Kommerzialisierung von Innovationen durch das Investment in neue Geschäftsfelder außerhalb des Unternehmens. Der Outside In-Prozess beinhaltet hingegen die Integration externer Wissensträger.[49] Genutzt werden beide Prozesse sowohl von großen Unternehmen der Grundlagenforschung[50] als auch von kleineren Unternehmen, die weniger technologiefokussiert arbeiten.[51]

---

48   Vgl. Enkel/Gassmann: Open Innovation, S. 132.
49   Vgl. ebenda.
50   Vgl. Enkel/Gassmann: Neue Ideenquellen erschließen, S. 9.
51   Vgl. Enkel/Gassmann: Open Innovation, S. 134.

Für die erfolgreiche Anwendung von Open Innovation ist es notwendig, externes und internes Wissen zu verwerten. Der Inside Out-Prozess zielt auf die wertschöpfungssteigernde Verwertung von internem Wissen ab. Es geht dabei vor allem darum, Technologien oder Konzepte, die innerhalb eines Unternehmens entwickelt wurden, schneller an den Markt zu bringen. Deshalb gibt ein Unternehmen Wissen nach außen hin ab – das kann beispielsweise in Form von Lizenzen oder dem Verkauf von Rechten geschehen.[52] Wissen verlässt gewissermaßen das Unternehmen.

Bei dem Einsatz des Outside In-Prozesses ist es umgekehrt: Wissen von außerhalb dringt in das Unternehmen ein. Wichtig für eine erfolgreiche Etablierung dieses Ansatzes ist es, dass sich Unternehmen von dem Gedanken lösen, dass Innovationen zwangsweise an dem Ort entstehen müssen, an dem auch neues Wissen kreiert wird.[53]

Bei dem Coupled-Prozess handelt es sich um eine Vermischung aus Inside Out- und Outside In-Prozessen.[54]

Zusammenfassend lässt sich sagen, dass Inside Out-Prozesse auf die gewinnbringende Verwertung bereits vorhandenen Wissens ausgelegt sind und Outside In-Prozesse sich eher auf externes Wissen – und wie dieses nutzbar gemacht werden kann – fokussieren. Zielsetzung der beiden Prozesse ist es, engere Beziehungen mit externen Partnern aufzubauen und durch intensiven Wissensaustausch gegenseitiges Lernen zu ermöglichen. Deshalb liegt es nahe, dass Unternehmen beide Ansätze zum Coupled-Prozess verbinden und dadurch ein ausgewogenes Verhältnis von »Geben und Nehmen« schaffen sowie langfristig ihre Wettbewerbsposition stärken.[55]

2.2.2 *Crowdsourcing und Ideenwettbewerbe*

Im Folgenden werden Crowdsourcing und Ideenwettbewerbe als Form von Open Innovation betrachtet. Diese Ansätze werden in ein Kapitel gefasst, da sich beide auf die Akquirierung von Wissen aus einem Kollektiv heraus beziehen und vor allem Kunden und Nutzer in ihre Prozesse einbinden. Es wird sich zeigen, dass Ideenwettbewerbe als Ausprägung des Crowdsourcings aufgefasst werden können.

---

52 Vgl. Herstatt/Nedon: Open Innovation – Eine Bestandsaufnahme aus Sicht der Forschung und Entwicklung, S. 249.
53 Vgl. Enkel/Gassmann: Open Innovation, S. 134.
54 Vgl. Herstatt/Nedon: Open Innovation – Eine Bestandsaufnahme aus Sicht der Forschung und Entwicklung, S. 249.
55 Vgl. ebenda.

Unter Crowd versteht man eine undefinierte Masse an Menschen, unter Crowdsourcing eben dieses Kollektiv, das sich Aufgaben, die ein Unternehmen auslagert oder überträgt, widmet.[56] Dieser Ansatz setzt vor allem auf das Phänomen der Intelligenz der Masse: Es wird davon ausgegangen, dass eine Gruppe Menschen erfolgreicher und effizienter arbeitet bzw. innoviert als ein Einzelner. Außerdem ist das Kollektiv nicht nur Einzelnen – auch Experten – überlegen, sondern meist auch kostengünstiger.[57] Crowdsourcing vereint somit mehrere attraktive Möglichkeiten, die Wertschöpfung eines Unternehmens zu steigern. Zum einen bindet es Kunden und Nutzer aktiv ein, zum anderen wird durch die Auslagerung von Aufgaben Raum im Unternehmen geschaffen.[58] Es gibt unterschiedliche Ansätze, Crowdsourcing in ein Unternehmen einzubinden, diese können jedoch aufgrund der Limitation dieser Arbeit sowie der geringen Relevanz zur Beantwortung der Fragestellung nicht erläutert werden. Generell handelt es sich bei diesen Ausprägungen, und allgemein bei dem Phänomen des Crowdsourcings, um einen offenen Aufruf an undefinierte Akteure, an einer Aufgabe mitzuwirken.[59] Dieser Aufruf findet meist im Web statt, zum Beispiel über Social Media Anwendungen,[60] was eine Gemeinsamkeit von Crowdsourcing und Ideenwettbewerben darstellt. Denn auch Ideenwettbewerbe leben von der Intelligenz der Masse und rufen Kunden und Nutzer zur Mitarbeit auf, dadurch sorgen Unternehmen für eine gesteigerte Interaktion.[61]

Ein Ideenwettbewerb ist für Unternehmen vor allem für die Innovationsphase der Ideengenerierung von Nutzen. Piller und Reichwald fassen demzufolge zusammen:

Ein Ideenwettbewerb ist die Aufforderung eines privaten oder öffentlichen Veranstalters an die Allgemeinheit oder eine spezielle Zielgruppe, themenbezogene Beiträge innerhalb eines bestimmten Zeitraums einzureichen, die von einem Beurteilungsgremium an Hand von Beurteilungsdimensionen bewertet und leistungsorientiert prämiert werden.[62]

---

56 Vgl. Hochmeier: Kritische Erfolgsfaktoren im Innovationsmanagement, S. 18–19.
57 Vgl. Leimeister, Jan Marco: Kollektive Intelligenz. In: Wirtschaftsinformatik (2010) 4, S. 239–242, S. 241.
58 Vgl. Leimeister, Jan Marco: Crowdsourcing. In: Zeitschrift für Controlling und Management 56 (2012) 6, S. 388–392, hier S. 388.
59 Vgl. Piller/Reichwald: Interaktive Wertschöpfung, S. 154.
60 Vgl. Leimeister: Crowdsourcing, S. 388.
61 Vgl. Füller, Johann u.a.: Ideenwettbewerbe als innovatives Markenbildungsinstrument. In: Marketing Review St. Gallen (2010) 4, S. 26–34, hier S. 28.
62 Piller/Reichwald: Interaktive Wertschöpfung, S. 198.

Dem Verständnis eines Ideenwettbewerbs liegt in dieser Ausarbeitung außerdem zugrunde, dass es sich um eine wettbewerbliche Teilnahme handelt und die Teilnehmer vor allem Ideen in ein Unternehmen einbringen sollen. Es geht bei Ideenwettbewerben nicht darum, dass der Kunde in alle Innovationsprozesse einbezogen wird. Zunächst steht er nur vor der Aufgabe, Ideen an das Unternehmen heranzutragen.[63] Aus diesem Grund heißt es Ideenwettbewerb und nicht Innovationswettbewerb, denn der »Ausgangspunkt jeder Innovation ist eine Idee«[64]. Im Rahmen der Open Innovation werden Ideenwettbewerbe als Innovationswerkzeug genutzt und das Unternehmen profitiert, wie beim Crowdsourcing, vor allem durch die minimalen Kosten.[65] Zusätzlich können Ideenwettbewerbe die Markenbildung eines Unternehmens fördern. Das funktioniert bei onlinebasierten Ideenwettbewerben – was auf die meisten in der heutigen Zeit zutrifft – sehr gut, da die Möglichkeiten des Online-Marketings dazu beitragen, Bekanntheit und Wahrnehmung einer Marke in der Öffentlichkeit zu steigern. So setzt sich der Kunde durch einen Ideenwettbewerb stärker mit dem Unternehmen auseinander und trägt zur Markenbildung eigenständig bei. Das wiederum verstärkt die Bindung zwischen Kunde und Unternehmen.[66]

Abschließend lässt sich sagen, dass Crowdsourcing und Ideenwettbewerbe es verstehen, Kunden und Nutzer aktiv und vor allem effektiv in Unternehmen einzubeziehen. Dadurch können Kundenbedürfnisse besser identifiziert werden und die Unternehmen zeigen sich offen und transparent.[67] Davon profitiert das Konzept der Open Innovation: Offenheit wird gewährleistet, der Kunde innoviert selbst und Input strömt in das Unternehmen ein. Aufgrund dessen können diese Ansätze als Teil des Outside In-Prozesses verstanden werden. Der Initiator des Aufrufs erweitert seine Ressourcen durch das Kollektiv und bedient sich eines externen Wissenspools.[68]

63   Vgl. Piller/Reichwald: Interaktive Wertschöpfung, S. 198f.
64   Dömötör, Rudolf: Erfolgsfaktoren der Innovativität von kleinen und mittleren Unternehmen. Wiesbaden: Springer Gabler 2011, S. 18.
65   Vgl. Möslein/Neyer: Open Innovation, S. 94.
66   Vgl. Füller u.a.: Ideenwettbewerbe als innovatives Markenbildungsinstrument, S. 26.
67   Vgl. Klein-Bölting, Udo u.a.: Die Intelligenz der Märkte nutzen: Open Innovation. In: BBDO Consulting Insights (2008) 8, S. 54–63, hier S. 57.
68   Vgl. Hammon, Larissa/Hippner, Hajo: Crowdsourcing. In: Wirtschaftsinformatik (2012) 3, S. 165–168, hier S. 166.

2.2.3 *Geschäftsmodell-Innovation*

Bei der Geschäftsmodell-Innovation geht es in erster Linie um den Gestaltungsprozess, der ein weitgehend neues Geschäftsmodell auf den Markt bringen soll. Dieser Prozess bezieht sich wiederum auf eine Anpassung der Nutzenversprechen und die Sicherung eines nachhaltigen Wettbewerbsvorteils.[69] Die Geschäftsmodell-Innovation umfasst dabei häufig auch eine Erneuerung des Erlösmodells. Eine solche Neumodellierung ist notwendig, da Produkt- oder Prozessinnovationen nicht immer ausreichen, um den wirtschaftlichen Erfolg eines Unternehmens zu sichern.[70] Gründe dafür werden vor allem in den Kapiteln 3 und 3.2 erläutert.

Um den Ansatz dieses Innovationsprozesses zu verstehen, ist es zunächst notwendig, den Begriff des Geschäftsmodells knapp zu definieren. In dieser Ausarbeitung wird der Formulierung von Dr. Daniel Schallmo des Instituts für Technologie- und Prozessmanagement der Universität Ulm gefolgt:

> *Ein Geschäftsmodell ist die Grundlogik eines Unternehmens, die beschreibt, welcher Nutzen auf welche Weise für Kunden und Partner gestiftet wird. Ein Geschäftsmodell beantwortet die Frage, wie der gestiftete Nutzen in Form von Umsätzen an das Unternehmen zurückfließt. Der gestiftete Nutzen ermöglicht eine Differenzierung gegenüber Wettbewerbern, die Festigung von Kundenbeziehungen und die Erzielung eines Wettbewerbsvorteils.[71]*

Ein Geschäftsmodell stellt somit die relevanten Aktivitäten eines Unternehmens und seiner Wertschöpfung dar. Um Wachstum zu erzielen und Wettbewerbsvorteile zu sichern, müssen die verschiedenen Komponenten eines Geschäftsmodells miteinander kombiniert werden und sich gegenseitig verstärken. Zu diesen Komponenten zählen die Kunden- und Nutzendimension, die Wertschöpfungsdimension, die Partner- sowie die Finanzdimension.[72]

Der Open Innovation Ansatz kann zur Kombination dieser Komponenten beitragen und durch innovative Geschäftsmodelle nachhaltige Wettbewerbsvorteile sichern, da durch die Zusammenarbeit mit Unternehmen,

---

69   Vgl. Wirtz, Bernd W.: Business Model Management: Design – Instrumente – Erfolgsfaktoren von Geschäftsmodellen. 3. Auflage. Wiesbaden: Springer Gabler 2013, S. 207.

70   Vgl. Adelhelm, Silvia: Geschäftsmodellinnovationen. In: Open Innovation in Life Sciences. Konzepte und Methoden offener Innovationsprozesse im Pharma-Mittelstand. Hrsg. von Andreas Braun, Elisabeth Eppinger, Gergana Vladova u. Silvia Adelhelm. Wiesbaden: Springer Gabler 2012, S. 53–82, hier S. 53.

71   Schallmo, Daniel: Geschäftsmodell-Innovation. Grundlagen, bestehende Ansätze, methodisches Vorgehen und B2B-Geschäftsmodelle. Wiesbaden: Springer Gabler 2013, S. 22–23.

72   Vgl. Schallmo: Geschäftsmodell-Innovation, S. 23.

Kunden und Nutzern Kombinationen entstehen, die für andere Unternehmen nur schwer imitierbar sind.[73] Damit Unternehmen diesen Innovationsprozess erfolgreich vorantreiben können, müssen sie verschiedene Voraussetzungen erfüllen, die sich in das Konzept der Open Innovation eingliedern. Zum einen erfordert die Geschäftsmodell-Innovation ein hohes Maß an Flexibilität seitens des Unternehmens.[74] Zum anderen müssen die Unternehmen lernen, potenzielle Möglichkeiten für Geschäftsmodell-Innovationen zu identifizieren, aufzugreifen, zu entwickeln und zu implementieren.[75] Dabei ist es besonders wichtig, ergebnisoffen zu sein, denn nicht jede Innovation ist letztendlich erfolgreich.[76]

Es bleibt festzuhalten, dass die Geschäftsmodell-Innovation – wie auch andere Open Innovation-Prozesse – die Möglichkeit bietet, den Kunden und Nutzern, aber auch Partnern näher zu kommen. Ziel ist es, auf neue Weise Nutzen zu stiften und sich gegenüber Wettbewerben zu differenzieren.[77] Dies kann nur geschehen, wenn Unternehmen sich öffnen, sowohl nach innen als auch nach außen. Die Geschäftsmodell-Innovation bietet neben der Produkt- und Prozessinnovation eine Chance, die wirtschaftliche Position eines Unternehmens zu sichern. Dies ist vor allem bei grundlegenden Markt- und Wettbewerbsveränderungen von Bedeutung, wie es in der Buchbranche derzeit der Fall ist.

---

73   Vgl. Adelhelm: Geschäftsmodellinnovationen, S. 53.
74   Vgl. ebenda, S. 57.
75   Vgl. ebenda, S. 68.
76   Vgl. ebenda, S. 71.
77   Vgl. Schallmo: Geschäftsmodell-Innovation, S. 29.

3 INNOVATIONSMANAGEMENT IN DER BUCHBRANCHE – UMBRUCH UND BEDEUTUNG

Nachdem das theoretische Grundgerüst geschaffen wurde, soll es im Folgenden konkret um das Innovationsmanagement in der deutschen Buchbranche gehen. Wie innovativ ist die Buchbranche derzeit, wie macht sich der Umbruch des Innovationsparadigmas in der Branche bemerkbar und wie kann sie sich diesen in Form der Open Innovation zu Nutze machen? Ziel ist es, Antworten auf diese Fragen zu finden und herauszuarbeiten, wie traditionelle Verlagsunternehmen und branchenbezogene Start-Ups ihr Innovationsmanagement anpassen und vom Open Innovation Paradigma profitieren können.

Den Umbruch der Buchbranche ohne das Wort Digitalisierung zu beschreiben ist kaum möglich. Vor allem in Bezug auf das Innovationsmanagement spielt der Wandel der Medienlandschaft eine bedeutende Rolle. Die Digitalisierung ist Auslöser für das Umdenken innerhalb der Branche, durch sie kam es zu grundlegenden Umbrüchen und Veränderungen.[78] Dies soll allerdings keine Abhandlung über Digitalisierung werden, es wird sich deshalb auf einige ausgewählte Aspekte konzentriert und vorausgesetzt, dass der Begriff der Digitalisierung und die Neuerungen, die diese mit sich brachte, bekannt sind.

Durch das Aufkommen von e-Books, Open-Access Bewegungen oder auch mobilen Applikationen wurde die Buchbranche vor eine Reihe von Problemen gestellt – das rüttelte vor allem an den bis dahin etablierten Geschäfts- und Erlösmodellen, die sich an Printprodukten und dem tradi-

---

78 Vgl. Bösch/Müller/Schlüter: Studie zu Erfolgsfaktoren für strategische Innovationen im Buchmarkt, S. 4.

tionellen Markt orientierten.[79] Aufgrund des hohen Wettbewerbs- und Substitutionsdrucks müssen Unternehmen ihre Geschäfts- und Erlösmodelle neu denken und entwickeln, um den aktuellen Marktentwicklungen standhalten zu können. Das gelingt in der Buchbranche nur teilweise: Es gibt zwar grundlegende Geschäftsmodell-Innovationen im traditionellen Buchmarkt, allerdings ist eine umfassende Neustrukturierung über Zielgruppen, Kostenbasis, Vertriebs- oder Produktionsprozesse bis hin zu Erlösmodellen, wie sie wünschenswert wäre, kaum zu beobachten.[80] Ein weiteres Problem stellt die Marktstruktur dar, die von neuen Wettbewerbern geprägt ist. Diese kommen nicht ausschließlich aus der Buchbranche, sondern sind globale, branchenfremde Konkurrenten wie beispielsweise Google oder Amazon. Dadurch ist es für traditionsbewusste Unternehmen enorm schwer, schnell genug auf den Medienwandel zu reagieren. Oft sind die genannten Großkonzerne einen Schritt voraus.[81] Um den Anschluss nicht zu verlieren, spielen Innovationen eine wichtigere Rolle denn je. Der Wandel muss als Chance begriffen werden und Verlage, wie auch Start-Ups, müssen die Zeit des Umbruchs nutzen, um neue Geschäftsmodelle zu entwickeln und Produkt- und Prozessinnovationen durchzuführen, sowohl auf inhaltlicher als auch auf technischer Ebene.[82] Wie genau traditionelle Verlage und junge Start-Ups auf diesen Wandel reagieren, wird in den Kapiteln 3.3 und 3.4 erläutert. Es bleibt jedoch festzuhalten, dass die Buchbranche ohne innovative Transformationen nicht wettbewerbsfähig bleiben kann. Eine Anpassung an das elektronische Zeitalter ist unvermeidlich.[83]

Die Innovativität in der Buchbranche wird laut einer Studie der *books in action* Initiative als hoch angesehen – allerdings scheitert sie im Vergleich mit anderen Branchen vor allem im Technologiebereich.[84] Damit die Buchbranche ihre Innovationsfähigkeit nicht verliert und die Transformation von Geschäftsmodellen gelingt, muss sich grundlegend etwas in der Auffassung

79 Vgl. Ammon, Thomas/Brem, Alexander: Von Gutenberg zu Steve Jobs. Herausforderungen und Lösungen der Business Model Innovation dargestellt am Beispiel von (Fach-)Verlagen. In: Kompendium Geschäftsmodell-Innovation. Grundlagen, aktuelle Ansätze und Fallbeispiele zur erfolgreichen Geschäftsmodell-Innovation. Hrsg. von Daniel Schallmo. Wiesbaden: Springer Gabler 2014, S. 319–347, hier S. 326.
80 Vgl. Bösch/Müller/Schlüter: Studie zu Erfolgsfaktoren für strategische Innovationen im Buchmarkt, S. 23.
81 Vgl. ebenda, S. 12.
82 Vgl. ebenda, S. 21.
83 Vgl. Ammon/Brem: Von Gutenberg zu Steve Jobs, S. 338.
84 Vgl. Bösch/Müller/Schlüter: Studie zu Erfolgsfaktoren für strategische Innovationen im Buchmarkt, S. 6.

des Innovationsmanagements innerhalb der Branche ändern. Entscheidend ist, dass Innovation zur Unternehmenskultur gehört und vom Unternehmenskern gefördert wird.[85] An diesem Punkt kommt das Konzept der Open Innovation ins Spiel: Das Paradigma der offenen Innovationskultur macht deutlich, wie wichtig es ist, Partner zu gewinnen, Allianzen zu bilden und Handelsbeziehungen aufzubauen. Dabei werden für die Buchbranche andere Branchen besonders interessant, vor allem in Hinblick auf den technologischen Umbruch. Der unternehmensübergreifende Austausch rückt in den Vordergrund.[86]

> *One important source of innovation will be companies from other industries, because we know that most innovation is based on a recombination of existing knowledge, concepts, and technology. Established solutions from other industries will enrich corporate product development while reducing the related risks through reducing uncertainty.*[87]

Hat die Buchbranche dieses Potenzial erkannt, sollten Unternehmen beginnen, unternehmensübergreifende Kontakte aufzubauen und den Austausch mit Wettbewerbern zu fördern. Daraus entwickelt sich derzeit das Phänomen der *Frenemies*, also freundschaftliche Beziehungen zu Konkurrenten.[88] Von solchen Beziehungen profitieren nach dem Prinzip des Inside Out- und des Outside In-Prozesses beide Seiten – die Buchbranche bekommt Knowhow direkt ins Unternehmen geliefert und andere Branchen, beispielweise Technologieunternehmen, können ihr Wissen gewinnbringend vermarkten. Auch innovative Ansätze wie Crowdsourcing oder Ideenwettbewerbe können die Wettbewerbsposition eines Unternehmens stärken – dafür muss jedoch auch die Buchbranche erkennen, dass den Kunden und Nutzern mehr Macht- und Einflussmöglichkeiten gewährt werden müssen.[89]

Um das Innovationsmanagement an die neuen Marktbedingungen anzupassen, müssen sich Unternehmen die Frage stellen, ob sie Innovation als Monolog oder Dialog sehen. Als Monolog ist Innovation ein interner Prozess, der aus dem Unternehmen heraus betrieben wird. Als Dialog stellt

---

85 Vgl. Bösch/Müller/Schlüter: Studie zu Erfolgsfaktoren für strategische Innovationen im Buchmarkt, S. 9.

86 Vgl. ebenda, S. 22.

87 Chesbrough/Enkel/Gassmann: Open R&D and open innovation, S. 314.

88 Vgl. Bösch/Müller/Schlüter: Studie zu Erfolgsfaktoren für strategische Innovationen im Buchmarkt, S. 22.

89 Vgl. Chesbrough/Enkel/Gassmann: Open R&D and open innovation, S. 314.

Innovation einen interaktiven Prozess dar, der vom Wechselspiel zwischen Markt, Umfeld, Wettbewerb sowie Kunden und Partnern lebt.[90]

Es wurde in diesem Kapitel knapp dargelegt, dass sich die Buchbranche im Zuge der Digitalisierung in einem Umbruch befindet, der sich auf das Innovationsmanagement in Verlagen und Start-Ups ausbreitet. Es müssen neue Ansätze entwickelt werden, um dem Wettbewerbsdruck standzuhalten und sich gegenüber neuen globalen Mitspielern zu behaupten. Die folgenden Kapitel befassen sich konkreter mit Innovationen und Open Innovation innerhalb von Verlagsunternehmen und Start-Ups. Dabei dienen Auswertungen und Interpretationen von Interviews, die im Rahmen dieser Bachelorarbeit von der Verfasserin durchgeführt wurden, als Forschungsgrundlage. Die Entscheidung fiel auf die Durchführung von Interviews, da diese direkte Einblicke in berufliche Tätigkeiten, Umsetzung von Innovationen in Unternehmen der Buchbranche und innovativen Denkmustern bieten. Der Kontakt zu innovationsschaffenden Branchenteilnehmern ermöglicht zudem, gezielte Fragen zum Konzept der Open Innovation und dessen Umsetzung zu stellen.

3.1 Methodisches Vorgehen

Für die Interviews war es wichtig, offene Fragen zu formulieren, auf die die Befragten frei antworten können, damit der Kommunikationsfluss nicht gehemmt wird und sich eine erzählgenerierende Grundstimmung entwickelt. Priorität hat bei dieser Art des Interviews die spontan produzierte Erzählung.[91] Hierbei wurde sich vor allem an das Werk »Interview und schriftliche Befragung. Grundlagen und Methoden empirischer Sozialforschung« von Horst Otto Mayer gehalten. Nach Mayers Prinzip wurde ein Leitfaden erstellt, welcher als Gerüst und Orientierung bei den persönlichen Gesprächen oder Telefonaten diente. Die Interviews wurden aufgenommen und anschließend transkribiert und paraphrasiert.

Der Leitfaden ist in vier Bereiche unterteilt. In der Einleitung wird kurz das Thema der Bachelorarbeit genannt, dann werden Begriffsfassungen zu Innovation, Innovativität und Open Innovation abgefragt und in Bezug zur Buchbranche gesetzt. Im zweiten Teil (Hauptteil I) werden Fragen zum Innovationsmanagement in der Buchbranche gestellt: Kriterien für Innovativität,

---

90 Vgl. Bösch/Müller/Schlüter: Studie zu Erfolgsfaktoren für strategische Innovationen im Buchmarkt, S. 35.

91 Vgl. Helfferich, Cornelia: Die Qualität qualitativer Daten: Manual für die Durchführung qualitativer Interviews. 4. Auflage. Wiesbaden: VS Verlag 2011, S. 180.

aktuell erfolgreiche Innovationsprozesse, Vorteile und Nachteile externer Mitarbeiter sowie der Arbeit über Unternehmensgrenzen hinaus und der Mehrwert von Open Innovation sollen beschrieben werden. Im dritten Teil (Hauptteil II) werden Fragen zum jeweiligen Unternehmen oder zum Tätigkeitsbereich des Experten gestellt. Diese Fragen variieren je nach Unternehmen und Person. Teil vier (Schluss) besteht aus freiem Erzählen und bietet den Befragten die Möglichkeit, weitere Bereiche abzudecken oder zusätzliche Informationen zu liefern. Da es sich um offene Gespräche handelt, werden teilweise Fragen ausgelassen oder zusammengefasst. Der Leitfaden bietet aufgrund seines Aufbaus eine Sequenzierung, die auch für die Auswertung der Interviews genutzt wird. Die verschiedenen Aussagen zu den jeweiligen Frageblöcken werden betrachtet und verglichen. Gegenstand der Auswertung bleibt dabei das einzelne Interview – deshalb ist eine aufwendige Methodik zum Vergleich und der Analyse nicht notwendig, es handelt sich eher um eine Wiedergabe als um eine Interpretation der Antworten. In Kapitel 3.2 werden die drei Experteninterviews unter dem Schwerpunkt Innovation und Innovativität in der Buchbranche zusammengefasst. Es handelt sich in diesem Kapitel um eine Wiedergabe der Expertenmeinung, mit dem Ziel, den Innovationsstand der Buchbranche festzulegen und in Hinblick auf den Verlauf der Arbeit die Auffassung von Innovationsfähigkeit der Buchbranche zu bestimmten. Die eigene Meinung der Verfasserin spielt in diesem Abschnitt folglich keine Rolle. In den Kapiteln 3.3 und 3.4 werden anhand der entsprechenden Interviews Fallbeispiele erstellt. Die Interviews werden somit getrennt voneinander betrachtet, die Aussagen der Befragten werden wiedergegeben und in einem abschließenden Kapiteln von der Verfasserin verglichen und interpretiert. Damit sei festzuhalten, dass es sich bei der Darstellung in Kapitel 3.2, 3.3.1–3.3.3 sowie 3.4.1 und 3.4.2 um Aussagen aus den geführten Interviews handelt und grammatikalisch, durch indirekte Rede oder ähnliches, nicht mehr darauf verwiesen wird.

Bei der Transkription wurde sich an die Methode von Meuser und Nagel gehalten, die ein aufwendiges Notationssystem bei Experteninterviews für überflüssig halten, das heißt, dass Pausen, Stimmlagen sowie sonstige nonverbale Elemente nicht zum Gegenstand der Interpretation gemacht werden.[92] Bei Experteninterviews bildet nicht die Person den Gegenstand der Analyse, sondern es geht um einen organisatorischen oder institutionellen

---

92 Vgl. Meuser/Nagel: Experteninterviews, S. 455.

Zusammenhang, in dessen Kontext die befragte Person steht.[93] Es geht bei den Interviews hauptsächlich darum, Wissen über Innovativität, Innovation und Innovationsmanagement in der Buchbranche zu erhalten und Einblicke in bestimmte Unternehmen und deren Strukturen zu erlangen. Die Experteninterviews tragen somit zur Bestimmung eines Sachverhaltes bei.[94]

Bei den geführten Interviews handelt es sich, der Definition Meusers und Nagels folgend, um Experteninterviews. Es soll an dieser Stelle darauf hingewiesen werden, dass es sich in dieser Arbeit ausschließlich um Experteninterviews handelt, auch wenn explizit nur in Kapitel 3.2 davon gesprochen wird. Die Auswahl der Befragten richtet sich jedoch in allen Fällen nach den von ihnen ausgeführten beruflichen Tätigkeiten und das Interesse an ihnen ist ein an der Forschungsfrage abgeleitetes Interesse, kein Interesse an ihrer Person. Bei der Auswahl der Experten wurde Wert darauf gelegt, dass unterschiedliche Bereiche der Buchbranche abgedeckt werden. Die Interviews bilden somit Datenquellen.[95] So teilen sich die folgenden Kapitel in Gespräche mit Experten, Verlagsmitarbeitern und Start-Up-Gründern. Warum die jeweiligen Unternehmen als Untersuchungsgegenstand dieser Arbeit geeignet sind, wird in den entsprechenden Kapiteln dargelegt. Zudem sei hier erwähnt, dass die Interviews und deren Auswertung nicht repräsentativ sind und auch nicht zwingend die Meinung des gesamten Unternehmens widerspiegeln. An dieser Stelle möchte die Verfasserin den Interviewpartnern für ihre Unterstützung und Zeit sowie das informative Gespräch danken.

3.2 Expertengespräche – Innovation und Innovativität in der Buchbranche

Um Innovativität und Innovationen in der Buchbranche zu untersuchen, wurden im Rahmen dieser Arbeit drei Experten zum Innovationsstand der deutschen Buchbranche befragt. Bei den Experten handelt es sich um Prof. Dr. Okke Schlüter als Vertreter aus der Forschung und Lehre, Michaela Wied als Expertin für Produktmanagement und Dr. Leyla Sedghi als Spezialistin auf dem Gebiet der digitalen Medien. Durch die unterschiedlichen Experten werden verschiedene Bereiche innerhalb der Buchbranche abgedeckt. Dadurch soll ein möglichst breit gefächertes Bild entstehen, das eine Interpretation bezüglich der Innovationsfähigkeit der Buchbranche zulässt.

Okke Schlüter ist Professor für Medienkonvergenz des Studiengangs *Mediapublishing* an der Hochschule der Medien in Stuttgart. Einer seiner

93 Vgl. Meuser/Nagel: Experteninterviews, S. 442.
94 Vgl. ebenda, S. 447.
95 Vgl. ebenda, S. 445.

Forschungsschwerpunkte bezieht sich auf Publishing-Geschäftsmodelle.[96] Das ist vor allem in Hinblick auf Geschäftsmodell-Innovationen innerhalb der Buchbranche interessant. Außerdem brachte er im Rahmen der Initiative *books in action* eine Studie zur Bedeutung von strategischer Innovation in der Buchbranche heraus.[97] Michaela Wied ist Produktmanagerin im Bereich Media Development print/digital bei der MVB Marketing- und Verlagsservice des Buchhandels GmbH. Sie ist vor allem für die Weiterentwicklung des Börsenblattes und des Buchjournals zuständig.[98] Ihr Fachwissen richtet den Fokus auf Produkt- und Prozessinnovationen. Durch ihr zusätzliches Engagement im *KannWas.Club* ist sie zudem im Bereich Business Development auf neue Geschäftsmodelle und Innovationen spezialisiert.[99] Dr. Leyla Sedghi ist Inhaberin von *book2look publishing*, einer Agentur für digitale Medien.[100] Durch ihre berufliche Tätigkeit steht sie in regem Austausch mit vielen Verlagen und unterstützt diese bei der Einführung neuer, innovativer Produkte oder Projekte.

Die Expertenmeinungen verschmelzen im folgenden Abschnitt zu einer Analyse.

Innovation ist für die Experten grundlegend die Entwicklung und Verbesserung von neuen oder bestehenden Produkten, Prozessen, Services oder Dienstleistungen. Dabei geht es vor allem darum, auf Veränderungen in der Gesellschaft zu reagieren und im Zuge dessen erfolgreiche Geschäfts- und Erlösmodelle zu entwickeln. Folglich hängen Prozess- und Produktinnovation mit Geschäftsmodell-Innovationen zusammen, im besten Fall ergeben sich neue Produkte und Prozesse durch neue Geschäfts- bzw. Erlösmodelle. Innovativität beschreibt in diesem Sinne die Möglichkeit, solche Innovationen im Markt etablieren zu können: Voraussetzung dafür ist, dass Unternehmen die Perspektive von Nutzern und Kunden einnehmen und zielgruppengerecht agieren. Zusätzlich sollten Unternehmen ihre gewohnten Strukturen verlassen und neue Impulse zulassen, dabei ist überdies der Blick in andere

---

96   Vgl. O.A.: Prof. Dr. Okke Schlüter. In: Website der Hochschule der Medien, Stuttgart. URL: https://www.hdm-stuttgart.de/kontakt/suche_ergebnis_liste?Id=6361525 [22.06.2015].

97   Siehe: Bösch/Müller/Schlüter: Studie zu Erfolgsfaktoren für strategische Innovationen im Buchmarkt.

98   Vgl. O.A.: Michaela Wied. In: Website des Börsenblatts. URL: http://www.boersenblatt.net/artikel-michaela_wied.948207.html [22.06.2015].

99   Vgl. O.A.: Kommission Geschäftsmodelle gründet sich als KannWas.Club neu. In: Website des Börsenblatts vom 07.01.2015. URL: http://www.boersenblatt.net/856369/ [22.06.2015].

100 Vgl. O.A.: Impressum. In: Website von book2look publishing. URL: http://www.b2l-publishing.de/impressum.aspx [22.06.2015].

Branchen sinnvoll. Das kann vor allem im Bereich der digitalen Produktinnovation vorteilhaft sein, in welchem die Buchbranche technisches Knowhow aufbauen muss. Aus Expertensicht sind die meisten Innovationen dieser Zeit digital – Kompetenzen auf diesem Gebiet sind deshalb unerlässlich. Im Sinne einer betriebswirtschaftlichen Sicht kann Innovativität zudem als Kennzahl verwendet werden, die den Ausstoß von Innovation in das Verhältnis zur eingesetzten Zeit bzw. den investierten finanziellen sowie personellen Ressourcen setzt.

Schlussfolgernd ergeben sich vier grundlegende Kriterien für erfolgreiche Innovation innerhalb der Buchbranche: 1. Unternehmen müssen lernen, sich in die Kunden- und Nutzerperspektive hineinzuversetzen, 2. Unternehmen müssen tradierte Denkmuster verlassen, 3. Innovationen aus anderen Branchen müssen wahrgenommen und verarbeitet bzw. verstanden werden und 4. Technologiekompetenzen müssen aufgebaut werden.

Open Innovation bietet eine Möglichkeit, diese Kriterien zu erfüllen. Im Vordergrund steht, dass Unternehmen aus sich heraus wachsen und Input von außen zulassen. Der Fluss soll dabei sowohl aus dem Unternehmen heraus als auch in das Unternehmen hinein strömen. Folglich ergibt sich das Prinzip der Outside In- und Inside Out-Prozesse. Das »Geben und Nehmen« muss dabei in einem Gleichgewicht zueinander stehen. Durch Crowdsourcing oder Ideenwettbewerbe kann zugleich die Zielgruppe in den Innovationsprozess des Unternehmens eingebunden werden, was den Einblick in Kunden- und Nutzerperspektive ermöglicht.

Open Innovation wird in der Buchbranche schon diskutiert, die Umsetzung wird von den Experten allerdings differenziert betrachtet. So kommt es darauf an, wie der Begriff Open Innovation definiert wird. Bei einer Auslegung auf Offenheit bestimmter Prozesse kann schon projektbezogene Arbeit mit einem flexiblen Team als Open Innovation verstanden werden. Wird Open Innovation eher als ein Herauswachsen aus unternehmenszentrierter Sichtweise gesehen, sind Zusammenschlüsse und Kooperationen ein Ansatz – beispielsweise der Aufbau von Self-Publishing Plattformen unter dem Verbund mehrerer Verlage.[101] Es bleibt somit festzuhalten, dass es keine vorherrschende Expertenmeinung zu der Frage nach der Umsetzung von Open Innovation innerhalb der Buchbranche gibt. Für die Experten steht fest, dass offene Prozesse zu unternehmerischem Erfolg führen können und

---

101 Self-Publishing Plattformen sind ein interessanter Ansatz der Open Innovation, sollen im Rahmen dieser Arbeit allerdings aufgrund der Komplexität des Themas ausgeschlossen werden.

die Arbeit über Unternehmensgrenzen hinweg mehr Vorteile als Nachteile birgt. Herausgestellt werden vor allem Inspiration, Anregung und Austausch mit anderen Berufsgruppen sowie Zusammenarbeit und Wissenstransfer über Mediengrenzen hinweg. Dennoch ist die Sichtweise auf Open Innovation ambivalent.

Bei der Frage nach den Kriterien, die Unternehmen erfüllen sollten, um innovativ zu arbeiten, stellt sich für die Experten vor allem die Zielgruppenforschung heraus. Diese wurde im Zuge der Innovativität schon hinreichend erläutert. Es wird aufgrund der Analyse der Interviews zudem festgestellt, dass das Maß an Innovation eines Unternehmens genau richtig ist, wenn die Zielgruppe mit dem Produkt und der Marke zufrieden ist.

Für erfolgreiche Innovationen spielt aber nicht nur die Zielgruppe eine entscheidende Rolle, der Unternehmenskern muss Innovativität vorleben und Mitarbeiter entsprechend motivieren. Dafür ist es entscheidend, gewisse hierarchische Strukturen abzubauen. Essentiell ist zudem eine Fehlerkultur, die in die Unternehmenskultur eingegliedert ist. Das heißt, durch die Unternehmensführung muss den Mitarbeitern vermittelt werden, dass Fehler gemacht werden dürfen. Gleichzeitig darf Innovation nicht als Zwang oder Pflicht formuliert werden. Es wird später noch zu sehen sein, dass Innovationen nicht aus Frustration und Druck heraus entstehen können. Die Unternehmensführung muss Freiheiten gewährleisten und Kreativität fördern. Problematisch ist, dass eine Fehlerkultur und ebenso die Möglichkeit, Dinge auszuprobieren, ohne dass ein Markterfolg garantiert ist, ein gewisses Investitionsvolumen benötigt. Vor allem in der Buchbranche ist das Projekt-Budget oftmals sehr gering oder nicht vorhanden. Um Fehler zu vermeiden, werden vor allem in kleineren Unternehmen Innovationen schnell wieder verworfen. Kleine Schritte zu gehen und sich vor allem auf Produkt- und Prozessinnovationen zu konzentrieren, die nah am bestehenden Geschäftsmodell liegen, wird unter diesem Gesichtspunkt als sinnvoll erachtet. Es kann ein gewisser Erfolg gesichert werden, wenn die Schritte konsequent und permanent verfolgt werden. Innovation wird dann eher als unternehmerische Evolution angesehen. In diesem Sinne bewegt sich die Buchbranche auf der untersten Innovationsebene. Um nicht auf Dauer auf dieser Innovationsebene zu stehen und den digitalen Umbruch erfolgreich zu meistern, sind Geschäftsmodell-Innovationen unverzichtbar. Vor allem für Verlage liegt in innovativen Geschäftsmodellen die Chance, ihre Umsatz- und Ertragsmodelle zu halten und sogar zu steigern. Produkt- und Prozessinnovationen spielen weiterhin eine wichtige Rolle, es sollte sich aber nicht ausschließlich auf die Innovationsparameter der Vergangenheit versteift werden. Für die Zukunft der Buchbranche steht fest, dass der Anteil an digitalen Produkten steigen wird. Derzeit haben Verlage noch keine passenden Geschäftsmodelle dafür entwickelt und leiden deshalb unter der sinkenden Zahlungsbereitschaft der Kunden für digitale Produkte. Folglich sinkt das gesamte Erlöspotenzial, ein Umstand, dem entgegengewirkt werden muss. So spielen neben Geschäftsmodell-Innovationen ebenso innovative Erlösmodelle eine bedeutende Rolle. Dafür ist es ebenso von Bedeutung, neue, innovative Konzepte zu entwickeln als auch das Thema Innovation generell stärker zu diskutieren.

Die Interviews zusammenfassend ergibt sich der Schluss, dass der Innovationsstand der Buchbranche den Experten zufolge nicht schlecht ist, im Vergleich zu anderen Branchen aber durchaus ausbaufähig. Das neue Innovationsparadigma ist in der Buchbranche theoretisch angekommen, der angeregte Diskurs fehlt jedoch weiterhin. Innovation spielt auf Konferenzen, Tagungen und in Gesprächen eine ständige Rolle, da das Berufsfeld in der Buchbranche aber erst seit einigen Jahren besteht, fehlt entsprechendes Know-how und Kompetenzen müssen erst aufgebaut werden. Aufgrund dessen ist der Austausch zu anderen Branchen bedeutsam – auch in Form der Open Innovation –, die Erfahrungen anderer dürfen allerdings nicht unkommentiert übernommen werden, sondern müssen auf die Buchbranche zugeschnitten werden. Um diesen Wandel erfolgreich mitzugestalten und das neue Innovationsparadigma in die Unternehmenskultur der Buchbranche zu integrieren, ist es wichtig, Innovation als permanenten Prozess zu begreifen und sich vom Projektcharakter zu distanzieren. Dies führt im besten Fall dazu, dass Innovation als Dialog erlebt und ohne Zwang und Druck vorangetrieben wird.

3.3 Open Innovation in traditionellen Verlagsunternehmen

In diesem Kapitel sollen traditionelle Publikumsverlage auf ihre Innovationsfähigkeit hin untersucht werden. Auf Basis von Interviews entstehen hierbei subjektive Einschätzungen aus den Unternehmen heraus, die die Forschungsfrage stützen sollen. Bezüglich des Forschungsgegenstandes dieser Arbeit wurden ein großes, traditionelles Verlagshaus (das im Rahmen dieser Arbeit nicht genannt werden möchte) sowie die Verlage *Bastei Lübbe* und *Oetinger* ausgewählt. In einzelnen Fallbeispielen soll nun untersucht werden, wie die Verlage Innovation und Innovativität bewerten, was sie bezüglich ihres Innovationsmanagements besonders auszeichnet und wie sie gegenüber dem Konzept der Open Innovation eingestellt sind.

Die Vorauswahl der Verlage wurde anhand der Buchreport-Analyse »Die 100 größten Verlage«[102] getroffen. Dabei wurden die 15 größten Publikumsverlage näher betrachtet. Daraufhin wurden Anfragen an die entsprechenden Verlage gesendet – die Rücklaufquote betrug 40 Prozent, darunter befanden sich allerdings einige Absagen. Schlussendlich betrug die Nettorücklaufquote 20 Prozent, daraus ergeben sich die unterschiedlichen Fallbeispiele. Es entsteht eine eingeschränkte Repräsentativität. Die Befragung fügt sich letztendlich aber gut in diese Arbeit ein, da die Interviews unterschiedliche Ansichten und Ansätze hervorbrachten. Der Traditionsverlag hat seine Schwerpunkte in den Bereichen Belletristik, Sachbuch und Taschenbuch. E-Books machen nur einen geringen Anteil des Umsatzes aus und werden in Schwerpunkt oder Programm des Unternehmens nur am Rande genannt.[103] *Bastei Lübbe* hingegen präsentiert sich mit einem weitaus stärkeren e-Book- und Online-Segment. Der Schwerpunkt dieses Unternehmens liegt zum Teil auch auf Belletristik und Sachbuch, allerdings wird vor allem der Punkt »Digitale-Umsätze« hervorgehoben.[104] Der Verlag *Friedrich Oetinger* unterscheidet sich von den beiden anderen Verlagen vor allem durch den Schwerpunkt Kinder- und Jugendbuch. Hier finden »Neue Medien« und »digitale Produkte« große Aufmerksamkeit.[105]

Es stellt sich weiterführend zum einen die Frage, wie Unternehmen die Bedeutung von Innovation und Innovativität, vor allem in Zusammenhang mit Traditionalität und dem Umbruch der Buchbranche durch die Digitalisierung, sehen. Zum anderen, ob Innovativität immer mit digitaler Entwicklung verbunden sein muss und wie die Unternehmen ihre Rolle im neuen Innovationsparadigma der Open Innovation sehen.

3.3.1 *Fallbeispiel 1 – Traditionsverlag*
Die folgenden Auszüge, Beispiele und Rückschlüsse beziehen sich auf das Interview mit einem Mitarbeiter des Controllings eines großen Traditionsverlags.

---

102 Wilking, Thomas/Zielberg, Daniela: Die 100 größten Verlage. Analyse. In: Buchreport Magazin 46 (2015) 4, S. 40–86.
103 Vgl. ebenda, S. 64.
104 Vgl. ebenda, S. 63.
105 Vgl. ebenda, S. 67.

Für das traditionelle Verlagsunternehmen ist Innovation etwas Neues, das einer subjektiven Wahrnehmung unterliegt. Das heißt, dass Innovationen als Neuerungen in das Unternehmen eingeführt werden, diese Neuerungen für andere Unternehmen jedoch nicht zwangsläufig gänzlich neu sein müssen. Wichtig ist, dass die Innovation einen bestimmten Bedarf deckt und ein Ziel verfolgt. Innerhalb des Traditionsverlags lassen sich verschiedene Bezugsfelder für Innovationen definieren. Es gibt das programmatische Feld, das auf Inhalte ausgerichtet ist; das Bezugsfeld der technischen Innovation, das beispielsweise die e-Book-Entwicklung betreut und das organisatorische Feld, das unter anderem mit Prozessentwicklungen vertraut ist. Zusätzlich werden unternehmensübergreifende Prozessinnovationen und Dienstleistungen vorangetrieben. Der Personalentwicklung kommt ebenfalls eine innovative Rolle zu, denn Innovationen kommen von Ideen und Ideen kommen wiederum von Mitarbeitern.

Der Schwerpunkt der Innovationen ist unternehmenszentriert, der Prozess der Open Innovation ist dennoch kein unbekannter und wird in Teilen umgesetzt. Open Innovation wird vom Traditionsverlag an dieser Stelle generell als Öffnung eines Unternehmens verstanden und auf Zusammenarbeit mit Schwesterverlagen, Kooperationen mit Lieferanten und den Austausch mit Druckereien bezogen. Ein erfolgreiches Beispiel solcher Kooperationen bildet die Klappenbroschur, die durch eine Kooperation von Herstellern und Verlagen entwickelt wurde. Auf den gesamten Innovationsprozess bezogen wird Open Innovation durch den offenen Umgang mit Unternehmensinterna hingegen kritisch betrachtet.

Die Unternehmenskultur stellt für die Innovationsfähigkeit des Unternehmens die tragende Säule dar: Innovation ist nur möglich, wenn der Unternehmenskern darauf ausgelegt ist. Das bedeutet folglich, dass die Führungsetage die Mitarbeiter motivieren und ihnen sowohl Zeit als auch Budget zur Verfügung stellen muss. Zudem sollten Hierarchien möglichst flach sein und Kollegialität vorherrschen, damit eine erfolgreiche Zusammenarbeit gewährleistet werden kann. Dafür ist es nicht zwingend notwendig, externe Partner einzubinden. Es ist wichtig, Input von anderen Unternehmen oder Kunden zu erhalten, für innovatives Arbeiten ist dies aber nicht immer sinnvoll. Die Mitarbeiter sind meist kreativ und kompetent genug, eigene Ideen hervorzubringen. Dafür muss der Verlag allerdings gewisse Innovationstreiber[106]

---

106 Innovationstreiber meint in diesem Zusammenhang unterschiedliche Akteure, Einflüsse und Werte, die die Entwicklung von Innovationen anregen.

definieren. In diesem Fall ist dieser Treiber die Verbindung aus Tradition und Innovation – einer der Leitsätze des Unternehmens lautet: »Wir möchten uns verändern, bevor wir verändert werden«. Die Unternehmenskultur ist stark auf den traditionellen Charakter des Verlages fokussiert und definiert sich über die mehrere Jahrzehnte alte Tradition, die hochklassigen Autoren sowie das hohe Qualitätsbewusstsein. Kompetenzen sollen vor allem innerhalb des Unternehmens aufgebaut werden, das schließt jedoch nicht den Blick über die Unternehmensgrenze hinweg aus. Kooperationen sind wichtig, genauso wichtig ist es allerdings, dass der Verlag seiner Strategie treu bleibt. Vorteile der unternehmensübergreifenden Arbeit können Synergien, Erfahrungen und Anstöße sein. Der direkte Kontakt zum Kunden oder Händler ist wünschenswert, dennoch sollten eigene Ideen nicht immer direkt geteilt werden. Das ist die Schwierigkeit der Open Innovation: Die Transparenz steht im Widerspruch zur Bewahrung eigener innovativer Ideen.

Für den Traditionsverlag sind die Mitarbeiter ebenfalls Innovationstreiber. Um diese effektiv und über Abteilungsgrenzen hinweg in Innovationsprozesse einzubinden, finden Innovationstage statt, zu welchen alle Mitarbeiter des Unternehmens eingeladen sind. Ziel dieser Tagungen ist es, die Unternehmenskultur zu stärken und die Innovationskultur zu fördern. Die Innovationstage finden allerdings unternehmensintern statt: Händler, Dienstleister, Lieferanten oder Kunden werden nicht eingebunden. Der Wille, sich zu öffnen, um Neues dazuzulernen, besteht durchaus, dennoch sieht sich der Verlag an seine Tradition gebunden. Berührungsängste werden im Gespräch nicht konkret angesprochen.[107]

3.3.2 Fallbeispiel 2 – Bastei Lübbe AG

Die folgenden Auszüge, Beispiele und Rückschlüsse beziehen sich auf das Interview mit der Vorstandsassistentin von *Bastei Lübbe*, Anne-Kathrin Haupt.

Für Haupt umfasst Innovation den Verlauf von der Ideenfindung bis zur Markteinführung eines neuen Produkts. Ein Unternehmen ist besonders innovativ, wenn es einen Schwerpunkt der Leistung auf neue Produkte und Prozesse setzt und dabei kreativ vorgeht. Innovativität beschreibt die Möglichkeit, überhaupt innovativ zu sein. In der Buchbranche zeichnet sich diese Innovativität dadurch aus, dass Verlage in der Lage sind, auf bestimmte

---

107 Der Fokus auf interne und traditionelle Strukturen lässt darauf schließen, dass mit einem Verlust an Wettbewerbsvorteilen gerechnet wird, wenn das Unternehmen sich zu weit öffnet.

Megatrends zu reagieren, die seit längerem zu beobachten sind. Dazu gehört beispielsweise die Digitalisierung. Bei *Bastei Lübbe* gibt es seit 2011 mit *Bastei Entertainment* einen eigenen Bereich, der sich auf innovative, digitale Produkte und Prozesse fokussiert. Dadurch ist es dem Verlag möglich, schnell und flexibel zu arbeiten. *Bastei Lübbe* hatte, im Gegensatz zu anderen Verlagen, schon früh mit der App-Entwicklung begonnen und war damit sehr fortschrittlich. Auch das Konzept der Open Innovation, das für Haupt die Offenheit gegenüber externen Ideen und Einflüssen ist, wird bei *Bastei Lübbe* bereits angewandt, beispielsweise durch *Creative Labs*[108].

Um innovativ zu sein und den Prozess der Open Innovation in Unternehmen zu etablieren, sind sowohl interne als auch externe Sichtweisen notwendig. Für die externe Sicht sind Kunden und Zielgruppen von hoher Bedeutung. Was will die Zielgruppe, was erwartet sie und welche Bedürfnisse müssen gedeckt werden? Um diese Fragen zu beantworten, können Studien durchgeführt oder Fokusgruppen gebildet werden. Auf interner Seite spielen die Mitarbeiter eine tragende Rolle. Für *Bastei Lübbe* ist es äußerst wertvoll, Mitarbeiter zusammenzubringen, beispielsweise das klassische Lektorat mit digitalen Bereichen. Dafür wird von den Mitarbeitern eine gewisse Kreativität verlangt, ebenso wie der Mut, Dinge auszuprobieren. Um Innovationsprozesse zu fördern, sollten Unternehmen ihren Mitarbeitern zusätzlich Freiräume und Zeit bieten, zum Beispiel in Form von kreativen Workshops. Für Input können bei diesen Workshops nicht nur externe Mitarbeiter sorgen, sondern auch Mitarbeiter, die schon in anderen Branchen oder Abteilungen gearbeitet haben, sind für das Unternehmen wertvoll und können die Vielfalt des Teams fördern. Ziel ist es, intern anzufangen und dann den Blick nach außen zu richten, um nach neuen Impulsen Ausschau zu halten. Das trifft auf das Konzept der Open Innovation zu, birgt aber den Nachteil des hohen Koordinationsaufwands. Die externen Ideen müssen in die unternehmensinternen Vorstellungen integriert werden und das kostet Zeit und Geld. Außerdem läuft ein Unternehmen Gefahr, Wettbewerbsfähigkeit einzubüßen, wenn es sich zu weit öffnet und Ideen abgegriffen werden. Für eine erfolgreiche Produkteinführung kann Open Innovation durch das strukturierte Denken vom Kunden und Markt ausgehend jedoch sehr hilfreich sein.

In der Unternehmenskultur von *Bastei Lübbe* ist Innovation fest verankert. Die Offenheit gegenüber Neuerungen ist ausschlaggebend für die

---

108 Creative Labs sind Orte, an welchen schöpferische Arbeit entsteht. Das können spezielle Büroräume aber auch Veranstaltungen oder ähnliches sein.

Innovativität des Unternehmens und *Bastei Lübbe* fördert eine progressive Grundhaltung, die in Verbindung mit *Bastei Entertainment* die Balance zwischen Tradition und Innovation schaffen soll. Außerdem ist in den Unternehmenswerten definiert, dass die Mitarbeiter Ideen frei äußern können und diese zum Teil auch weiterverfolgt werden. Somit ist die Innovativität im Kern des Unternehmens und in der Geschäftsführung eingebettet und wird durch die Mitarbeiter gelebt und mit Ideen gespeist. Es wird auch mit externen Experten gearbeitet, beispielsweise setzt sich das Team der App-Entwicklung zum Teil aus externen Spezialisten und zum Teil aus internen Entwicklern zusammen. Es ist vor allem bei der Zusammenarbeit mit externen Dienstleistern von hoher Bedeutung, dass das Unternehmen den Input, der von außen einströmt, filtern und aufbereiten kann. Offenheit wird benötigt, damit Unternehmen sich gegenseitig befruchten können – das sollte in einem ausgewogenen »Geben und Nehmen« geschehen. Dennoch werden die wichtigen und vielversprechenden Ideen und Innovationen nicht nach außen getragen und mit Konkurrenten geteilt.

3.3.3 Fallbeispiel 3 – Verlag Friedrich Oetinger

Die folgenden Auszüge, Beispiele und Rückschlüsse beziehen sich auf das Interview mit Tea Herovic, die im Business Development von *Oetinger* tätig ist.

Für Herovic ist Innovation die Etablierung neuer, bisher unbekannter Produkte und Dienstleistungen. Dabei ist es zunächst irrelevant, wie die Entwicklung dieser Innovationen verläuft: Es kann bei kleinen Nischeninnovationen bleiben oder diese entwickeln sich weiter bis hin zu Marktrevolutionen. Um in der Lage zu sein, die bestehenden Produkte und Prozesse in Frage zu stellen und diese dann neu zu entwickeln, ist Innovativität notwendig. Aus Innovativität entsteht somit Innovation. Dabei gibt es keine buchbranchenspezifische Innovativität, es handelt sich um eine allgemeine Kenngröße.

Um diese Innovativität zu erreichen und schlussendlich Innovationen hervorzubringen, ist zum einen ein schnelles und marktorientiertes Geschäftsmodell notwendig, zum anderen agile Produktverfahren und technische Kompetenzen. Die Kombination dieser Voraussetzungen führt dazu, dass Markttrends schnell aufgenommen und umgesetzt werden können. Außerdem werden Modularität und Flexibilität gesteigert. Dadurch kann besser auf Kundenwünsche und Nutzerinteressen reagiert werden.

Inzwischen sind auch hohe Softwarequalitäten unerlässlich, zumindest bei *Oetinger*. Auch die Mitarbeiter spielen für die Innovativität des Verlags eine entscheidende Rolle. Durch *Innovation Hubs*[109] oder die Vermittlung der *Design-Thinking-Methode*[110] sollen interdisziplinäre, internationale Teams mit fundiertem Wissen in verschiedenen Bereichen besser arbeiten und innovieren können. Freiräume für Kreativität sind dafür Voraussetzung.

Open Innovation ist für *Oetinger* nicht nur ein bekannter Begriff, sondern wird in Form von Crowdsourcing und Ideenwettbewerben durch die Plattform *Oetinger34* konkret umgesetzt. Dadurch sollen neue Talente und Inhalte für das Verlagsprogramm aggregiert werden. Zudem befindet sich der Verlag in engem Kontakt mit Hamburger Start-Ups, um Ideen und Anregungen auszutauschen und Gemeinsamkeiten festzustellen. Für Herovic ist das Öffnen der Innovationsprozesse ein Ansatz, der in der Buchbranche, auch außerhalb von *Oetinger*, Anwendung findet, beispielsweise durch die Zusammenarbeit mit Innovationsagenturen wie *Dark Horse*. Die Einbindung von Experten in bestimmte Innovationsprozesse ist demnach notwendig, ob intern oder extern spielt dabei zunächst eine untergeordnete Rolle. Bedeutend sind die neuen Impulse, die dabei helfen, Herausforderungen zu bewältigen. Dafür müssen Verlage ihre Komfortzone verlassen und sich auf neue Denk- und Arbeitsweisen einlassen. Für viele traditionelle Verlage ist das schwer, die Mitarbeiter sind oft nicht passend geschult und haben keine ausreichenden Kompetenzen und die Unternehmensführung lebt den Wandel der Verlagslandschaft nicht vor. Das führt zu Unsicherheiten und Frustration und Frustration erschwert wiederum innovative Prozesse enorm. Unternehmensübergreifende Zusammenarbeit bietet die Vorteile, neue Impulse und technologische Expertise in das Unternehmen einzuholen. Allerdings begibt sich ein Unternehmen in Abhängigkeit zu externen Dienstleistern und verzichtet auf den internen Ausbau von spezifischen Kenntnissen. Das kann auf lange Sicht dem Unternehmen schaden. Open Innovation ist demnach keine Musterlösung und darf nicht überbewertet werden, da es grundsätzlich darum geht, die eigene Organisation innovativ und zukunftsfähig zu gestalten. Dies kann durch Open Innovation passieren bzw. vorangetrieben werden, hängt aber stark von dem jeweiligen Unternehmen ab.

---

109 Innovation Hubs sind meist selbstorganisierte Zentren (ähnliche wie Creative Labs), die an neuen Ideen arbeiten und die Kreativität der Mitarbeiter fördern sollen.

110 Die Design Thinking-Methode setzt vor allem auf interdisziplinäre Teamarbeit, um gemeinsam ein tief greifendes Nutzer- und Kundenverständnis zu erarbeiten.

Trotz der genannten Probleme ist es für *Oetinger* besonders wichtig, das klassische Buch um weitere Nutzungs- und Erlebnismöglichkeiten zu erweitern. Alle digitalen Produkte sollen sinnvoll miteinander verbunden werden, der interne synergetische Prozess ist dementsprechend stark ausgebaut. Der Schwerpunkt der innovativen Entwicklungen liegt derzeit auf dem Digitalen. Es gibt eine Entwicklungsabteilung innerhalb des Verlagshauses, außerdem werden punktuell Experten hinzugezogen. Dies geschieht allerdings nur, wenn das Know-how nicht intern vorhanden ist. Grundsätzlich werden Anregungen und Hilfestellungen von außen angenommen und gesucht, auch was die Zusammenarbeit mit Wettbewerbern betrifft. Ziel ist es jedoch, breite, umfangreiche digitale Kompetenz im Haus aufzubauen.

Eine allgemeingültige Empfehlung für oder gegen Open Innovation gibt es nicht, dafür ist die deutsche Verlagslandschaft zu vielfältig. Verlage müssen sich zunächst fragen, inwieweit die Digitalisierung ihre Produkte bereichern kann und wie diese Produkte dann weiterentwickelt werden können. Wenn Verlage eine offene und innovative Unternehmenskultur fördern, wird ihnen dieser Prozess erleichtert. Insofern kann die Implementierung von offenen Innovationsprozessen den digitalen Umbruch erfolgreich mitgestalten.

3.3.4 Ergebnisanalyse der Verlagsbefragung

Ziel der Interviews ist es, herauszufinden, wie Verlage ihr Innovationsmanagement gestalten, ob ihnen der Begriff der Open Innovation vertraut ist und welche innovativen Ansätze und Projekte sie innerhalb des Unternehmens verfolgen.

Es stellt sich heraus, dass die Begriffsfassung von Innovation und Innovativität bei allen Verlagsmitarbeitern ähnlich ist. Neuerungen, die ein gewisses Ziel verfolgen, stehen im Vordergrund. Unterschiedlich ist der Fokus dieser Neuerungen. Einerseits verfolgen Verlage traditionelle Produkt- und Prozessinnovation, andererseits werden digitale Produkte und umfangreiche Geschäftsmodell-Innovationen in den Mittelpunkt gestellt. Dies zeigt, dass Innovativität und Innovation subjektiven Maßstäben unterliegen und jedes Unternehmen eigene Innovationsziele verfolgt. So wird deutlich, dass die Unternehmen dementsprechend ihr Innovationsmanagement unterschiedlich gestalten.

Der Traditionsverlag hält an seiner Tradition fest und hat im Vergleich zu den anderen Verlagen eine kleine Sparte für digitale Produkte. Es wird sich sehr auf die Mitarbeiter konzentriert und eine Stärkung der unternehmensinternen Kompetenzen in den Vordergrund gestellt. Das zeugt von einem starken Zusammenhalt innerhalb des Unternehmens und einem ausgewogenen Arbeitsklima, in dem eine Fehlerkultur zum Teil etabliert scheint. Das Unternehmen bewegt sich auf der ersten Innovationsebene und widmet sich hauptsächlich Produkt- und Prozessinnovationen. Von Geschäftsmodell-Innovation war während des Interviews nicht die Rede. Das schließt Innovativität keinesfalls aus, wirkt im Vergleich zu den beiden anderen Verlagen allerdings stark unternehmenszentriert. Das wird bei Betrachtung des zweiten Interviews mit *Bastei Lübbe* deutlich: Hier steht das Unternehmen neuen, offenen Prozessen positiv gegenüber. Durch die Schaffung von *Bastei Entertainment* wurde eine Abteilung gebildet, die sich ausschließlich mit den neuen Marktanforderungen und dem veränderten Nutzerverhalten beschäftigt. Digitalisierung gilt hier als Bereicherung der Verlagsprodukte. Außerdem wird die Verbindung zu anderen Branchen betont und der Kunde in den Fokus gerückt. Um sich am Markt zu behaupten, stehen für *Bastei Lübbe* Offenheit und Innovativität an erster Stelle – Tradition scheint hier in den Hintergrund zu treten. Dennoch wird während des Interviews deutlich, dass traditionelle Werte, vor allem in der Personalentwicklung oder bei Produktinnovationen, gewahrt werden. Bei *Oetinger* tritt indessen ein anderer Schwerpunkt in den Vordergrund: dem Kinderbuchverlag geht es vor allem um den Aufbau von technischem Know-how innerhalb des Unternehmens. Die Digitalisierung wird hier als große Chance gesehen und es wird versucht, eine Balance zwischen Print- und Digitalprodukten herzustellen, auch wenn herausgestellt wird, dass das nicht auf andere Verlage zutreffen muss. *Oetinger* verfolgt moderne Ansätze wie die Methode des *Design-Thinking* und scheut sich offensichtlich nicht vor der Einbindung externer Spezialisten, die dem Unternehmen in bestimmten Bereichen weiterhelfen. Der Blick über den Tellerrand wird so durch Input und Impulse von außen gewährleistet. Außerdem wird durch Crowdsourcing und Ideenwettbewerbe Open Innovation betrieben.

Abschließend lässt sich festhalten, dass Innovation zwar ähnlich definiert, in den Unternehmen trotzdem anders aufgearbeitet und umgesetzt wird. *Bastei Lübbe* arbeitet in viele verschiedene Richtungen und ist durch den *Entertainment*-Bereich vielseitig, offene Innovationsprozesse gibt es allerdings bei *Oetinger* schon konkreter, vor allem was die Umsetzung betrifft. Der Traditionsverlag ist auf seiner eigenen Ebene innovativ, steht im Vergleich zu den beiden anderen Verlagen jedoch etwas abseits. Das zeigt zum einen die Vielfalt der deutschen Verlagslandschaft, wirft zum anderen aber die Frage auf, wie nah die Verlagsbranche am aktuellen Marktgeschehen der Medienlandschaft agiert und ob bestimmte Entwicklungen, besonders auf technischer Ebene, nicht durch die Einbindung von Open Innovation Ansätzen besser vorangetrieben werden könnten. Innovation und Innovativität werden von allen Befragten jeweils eine hohe Bedeutung beigemessen, dennoch stellt die Digitalisierung Verlage immer noch vor eine Herausforderung und die Befragung zeigt, dass die Tradition der Printprodukte teilweise noch schwerer wiegt als die digitale Innovation. Folglich wird ein Zusammenhang zwischen Innovation und digitalen Produkten und Dienstleistungen deutlich: Die digitale Entwicklung hängt von der Innovativität des Unternehmens ab und umgekehrt. Open Innovation wird in der Befragung als neues Innovationsparadigma erkannt, allerdings nur teilweise umgesetzt, die Vorteile scheinen den Verlagen jedoch bewusst zu sein. Viele Verlage befinden sich derzeit im Umbruch, möglicherweise wird das Phänomen der Open Innovation in ein paar Jahren stärker in der Buchbranche vertreten sein als bisher.

3.4 Open Innovation in buchbezogenen Start-Ups

Im Folgenden werden Innovativität und Innovation in buchbezogenen Start-Ups untersucht. Buchbezogen bzw. buchnah bedeutet hier, Teil der Buchbranche zu sein und sich aktiv in der Buch- und Kulturlandschaft einzubringen – auch digital. Dabei steht die Frage nach Offenheit und Austausch im Vordergrund. Eine Annahme, die es im Folgenden zu prüfen gilt, ist, dass Start-Ups als junge, neue Unternehmen besonders offen sind und den Mut zum Kontakt nach außen haben. Außerdem stellt sich die Frage, ob technikaffine Start-Ups eher zu Open Innovation neigen als traditionelle Verlage.

Zur Untersuchung des Innovationsmanagements in buchnahen Start-Ups wurden die Unternehmen *Log.os* und *PaperC* ausgewählt. Die Interviews wurden mit den jeweiligen Geschäftsführern, Volker Oppmann und Martin Fröhlich, geführt.

Log.os eignet sich für die Untersuchung im Rahmen dieser Bachelorarbeit besonders, da das 2013 gegründete Start-Up Unternehmen ein ganz besonderes Konzept der Offenheit verfolgt. *Log.os* Ziel ist es, eine offene, unabhängige e-Book-Plattform aufzubauen, die auf Kooperation und Kompatibilität setzt.[111] Damit soll nicht nur Amazon die Stirn geboten werden, das ambitionierte Start-Up möchte alle Branchenteilnehmer einbeziehen und

---

111 Vgl. O.A.: Worum geht´s? In: Startseite der Website von Log.os. URL: https://logos.vision/ [22.06.2015].

bündelt deshalb gleich mehrere Funktionen in einem Angebot. *Log.os* soll für Leser eine soziale Lese-Plattform sein, für Buchhändler ein Marktplatz, für Verlage eine Vermarktungs- und für Autoren eine Publishing-Plattform. Auch ein gesellschaftliches Ziel gibt es, nämlich den Aufbau einer digitalen Universitätsbibliothek, deren Inhalte in Form von *social reading* nutzbar gemacht werden sollen.[112]

PaperC ist ebenfalls aufgrund seines innovativen Handelns und Denkens ein geeignetes Unternehmen für die Untersuchung dieser Arbeit. Das 2008 gegründete Start-Up baut eine Onlineplattform für Fachliteratur auf, die den Usern die Möglichkeit bietet, Fachbücher zu kaufen oder zu mieten und diese durch verschiedene Tools nutzbar zu machen, sei es durch Markierungen oder Verweise.[113] *PaperC* wurde 2009 mehrfach ausgezeichnet, zum einen als Start-Up des Jahres[114], zum anderem mit dem Award des AKEP (Arbeitskreis Elektronisches Publizieren) in der Kategorie Business to Consumer.[115] Seit der Gründung brachte *PaperC* viele Transformationen hinter sich und nicht jede Idee ging auf. Das Team rund um Mitgründer Martin Fröhlich musste Funktionalität, Geschäfts- und Preismodell sowie auch technische Umsetzungen im Laufe der Zeit in unterschiedlichem Maße verändern und bewies dabei Ausdauer und Willenskraft.[116] Mittlerweile sind allerdings über 350.000 Bücher auf *paperc.com* verfügbar und bald soll ein Flatrate-Modell eingeführt werden, das die Optionen des Mietens und Kaufens ergänzt.[117] *PaperC* schaute schon früh über den Tellerrand und orientierte sich unter anderem an der Musikbranche, in welcher Flatrate-Modelle schon seit längerer Zeit gängig und akzeptiert sind. Die Hauptaufgabe besteht für das nicht

112 Vgl. O.A.: Log.os wird in Form einer GmbH & Co. KG vorangetrieben. Firmengründung beschlossen. In: Website des Buchreports vom 30.04.2015. URL: http://www.buchreport.de/nachrichten/online/online_nachricht/datum/2015/04/30/-3ea42bc406.htm [22.06.2015].

113 Vgl. O.A.: PaperC. In: Website von Gründerszene. URL: http://www.gruenderszene.de/datenbank/unternehmen/paperc [22.06.2015].

114 Vgl. Hüsing, Alexander: PaperC ist das Start-up des Jahres. In: Website der deutschen Startups vom 30.11.2009. URL: http://www.deutsche-startups.de/2009/11/30/paperc-ist-das-start-up-des-jahres/ [22.06.2015].

115 Vgl. O.A.: AKEP Award – and the winners are. In: Website des Börsenblatts vom 18.06.2009. URL: http://www.boersenblatt.net/325700/ [22.06.2015].

116 Vgl. Weigert, Martin: Fachbuch-Startup PaperC: So viel Ausdauer sieht man selten. In: Website von Förderlang vom 19.02.2014. URL: http://www.foerderland.de/digitale-wirtschaft/netzwertig/news/artikel/fachbuch-startup-paperc-so-viel-ausdauer-sieht-man-selten/ [22.06.2015].

117 Vgl. O.A.: Was ist PaperC? In: Website von PaperC. URL: https://paperc.com/free-books [22.06.2015].

mehr ganz so junge Start-Up immer noch in Überzeugungsarbeit und Aufklärung über die Chancen und Möglichkeiten des Modells.[118]

Ziel der folgenden Analyse ist es, zu verstehen, wie Start-Ups generell mit Innovation umgehen und welche Chancen bzw. Risiken sie im Öffnen des Innovationsprozesses sehen.

3.4.1 Fallbeispiel 4 – Log.os

Die folgenden Auszüge, Beispiele und Rückschlüsse beziehen sich auf das Interview mit Volker Oppmann, Geschäftsführer von *Log.os*.

Für Oppmann ist Innovation in erster Linie eine ökonomische Kategorie, die eine Umwandlung von Bedürfnissen in wirtschaftliche Möglichkeiten umfasst. Innovation ist somit nicht gleichzusetzen mit einer neuen Idee oder Erfindung. Es geht nicht darum, etwas neu zu machen, sondern anders bzw. besser. Um Innovationen voranzutreiben, muss ein Unternehmen Innovativität fördern – es geht im Kern darum, das Potenzial der Wertschöpfung zu heben und dabei den Fokus auf einen verbesserten Nutzen für den Kunden zu legen. Innovativität findet in der Buchbranche überall dort statt, wo sich Unternehmen konsequent an die Realität ihrer Kunden anpassen und sie bestmöglich mit Inhalten versorgen. Innovation ist für Oppmann immer nach außen gerichtet, auf den Markt und seine Nutzer. Deshalb ist für ihn das Konzept der Open Innovation nur bedingt ein neues Innovationsparadigma. Er versteht Open Innovation besonders als Möglichkeit, mit der Außenwelt in direkten Kontakt zu treten und einen 1:1 Austausch zwischen Unternehmen und Kunden zu schaffen. Open Innovation ist ein guter Ansatz, um Bewusstsein darüber zu schaffen, dass die traditionellen und konservativen Strukturen veraltet und ineffizient sind. Eine unternehmenszentrierte Sicht, die nicht deckungsgleich mit der Außenwelt ist, kann zu erheblichen Problemen für Unternehmen führen. Open Innovation hat den Vorteil, dieser nach innen gerichteten Sicht entgegenzuwirken. Es ist ein Irrtum zu glauben, dass Ideen ohne einen Austausch entstehen können.

Offene Innovationsprozesse sind in der Buchbranche bisher zwar zu sehen, es gibt aber auch die Seite der traditionellen, konservativen Unternehmen, die eher innovationsfeindlich sind. Damit Unternehmen überhaupt innovativ arbeiten und sich an das Konzept der Open Innovation herantasten können, sollten die Hierarchien innerhalb des Unternehmens möglichst

---

118 Vgl. Ortmann, Yvonne: PaperC im Startup-Porträt: Auf dem Weg zur Fachbuch-Flatrate. In: t3n Magazin (2012) 29, S. 87–90, hier S. 87.

flach sein. Den Mitarbeitern muss eine gewisse Eigenverantwortlichkeit zugestanden werden und es muss einen offenen und kommunikativen Umgang geben. Zudem sollte das Unternehmen stets auf Augenhöhe mit dem Kunden sein und eine klare Zielsetzung und Strategie verfolgen, erst dann kann Innovation im gesamten Unternehmen verankert werden. Externe Mitarbeiter sind für den Prozess der Innovation nicht zwingend notwendig, können aber im Sinne einer gewinnbringenden Zusammenarbeit hilfreich sein. Der Blick über den Tellerrand sowie neue Impulse und Input sollten durch eine Arbeitsweise über die Unternehmensgrenzen hinweg gesichert werden. Dadurch kann sich sowohl die Schnelligkeit der Entwicklung als auch die Anpassungsfähigkeit an den sich wandelnden Markt steigern.

Sind diese strategischen Denkweisen implementiert, können sie durch Open Innovation verstärkt werden, vor allem durch Kontakte und Austausch, die dazu führen, Konzepte und Ideen noch einmal zu überarbeiten oder auf neue Erkenntnisse aufmerksam machen. Das hilft Ideen zu festigen und am aktuellen Marktgeschehen auszurichten. Das Öffnen des Innovationsprozesses geht mit einigen Vorteilen und Chancen einher, Open Innovation darf aber nicht überbewertet werden.

Innerhalb von *Log.os* wird Open Innovation in einem ökonomischen Ansatz vertreten. Das heißt, dass eine Art Tauschökonomie entstanden ist, ohne die viele junge Unternehmen nicht existenzfähig wären. Im Fall von *Log.os* bezieht sich das vor allem auf den Einsatz von Open Source Codes. Durch Open Source Codes teilt *Log.os* Wissen und Erfahrung mit anderen und bekommt ebenso Wissen und Erfahrung zurück. Zudem führt das zu einem höheren Qualitätsstandard, da die Codes auch von anderen genutzt werden und das Unternehmen sich möglichst gut präsentieren will. Ein weiterer Vorteil dieses Open Innovation Ansatzes ist, dass von dem geballten Wissen der Entwicklergemeinschaft profitiert werden kann. Was im Unternehmen aufgebaut und nicht in den offenen Innovationsprozess eingegliedert wird, ist die Software-Entwicklung. Diese zählt für Oppmann zu den Kernkompetenzen des Unternehmens und darf dementsprechend nicht ausgelagert werden. Es gibt allerdings eingebettete Komponenten, beispielsweise Datenbanken, die nicht selbst entwickelt werden.

3.4.2 Fallbeispiel 5 – PaperC

Die folgenden Auszüge, Beispiele und Rückschlüsse beziehen sich auf das Interview mit dem Geschäftsführer von *PaperC*, Martin Fröhlich.

Martin Fröhlich wählt einen ganz anderen Ansatz bei der Frage nach Innovation. Für ihn geht Innovation immer vom Menschen aus und ist die Befreiung von Konventionen. In Innovation liegt die Möglichkeit, Dinge anders und neu zu denken und anzugehen. Innovativität ist dementsprechend das, was der Mensch aus seinen Potenzialen macht und Innovation folglich die Umsetzungsform in der Praxis.

Die Problematik der Innovativität der Buchbranche liegt vor allem in dem Innovationszwang. Unternehmen handeln derzeit aus einem Druck heraus: Sie bemerken, dass die alten Strukturen und Modelle nicht mehr ausreichend Gewinne abwerfen und sind frustriert. Doch Innovation kann nicht aus Frustration heraus entstehen. Um dem entgegenzuwirken, ist es wichtig, junge, motivierte Mitarbeiter zu haben. Innovation kann nicht eingekauft, jedoch aufgebaut und gefördert werden. Das heißt allerdings nicht, dass der Unternehmenskern weiterhin seinen alten Strukturen folgen darf, auch die Unternehmensführung muss die Bedeutsamkeit von Innovation erkennen und fördern. Wenn das nicht geschieht, ist die Nachhaltigkeit der Verlagsbranche in Gefahr.

Open Innovation kann dabei helfen, sich aus Konventionen zu befreien. Es bedeutet, sich zu öffnen und viele verschiedene Spieler, auch aus anderen Branchen, an Projekten mitwirken zu lassen. Diese Multiplikatoren spielen vor allem im Bereich der Content-Entwicklung eine wichtige Rolle, wobei die Buchbranche aus anderen Branchen lernen und Erfolge ableiten kann. Das Konzept der Open Innovation ist somit für die Buchbranche durchaus sinnvoll, darf aber nicht als Zwang formuliert werden, denn die Branche muss sich nicht zwangsläufig öffnen, um etwas zu verändern oder zukunftsträchtig zu sein – es ist nur eine Möglichkeit.

Um Innovationen zu fördern und Open Innovation zuzulassen, sollten Unternehmen vor allem die passenden Mitarbeiter einstellen, ihnen Freiräume bieten und eine gute Atmosphäre schaffen. Konkret könnten Unternehmen Innovationstage einführen, bei denen Akteure von außerhalb eingeladen werden. Das können beispielsweise Händler oder Hersteller, aber auch Kunden sein. Ziel solcher Innovationstage ist die Erweiterung des Handlungshorizonts aller Teilnehmer sowie das Abgreifen von Handlungsempfehlungen und Mustern, die für neue Produkte geeignet sind. Die Arbeit mit externen Mitarbeitern oder generell der Blick über die Unternehmensgrenzen hinaus birgt zwar gewisse Risiken, die Vorteile, die ein Unternehmen daraus ziehen kann, stehen allerdings deutlich im Vordergrund. So bringt es zum einen Spaß, zum anderen aber auch eine Vielfalt an Ideen. Durch die bewusste Befreiung aus dem »Hier und Jetzt« können Unternehmen nachhaltige, neue Modelle fördern. Darin liegt auch der Mehrwert der Open Innovation.

Start-Ups leiden oft unter dem Problem, dass Innovationen zu schnell fallen gelassen werden. Es darf nicht vergessen werden, dass grundlegend neue Geschäftsmodelle noch gar nicht erforscht sein können und deshalb ein Risiko eingegangen werden muss. Dabei spielen die Ressourcen des Unternehmens eine wichtige Rolle. Vor allem die Finanzierung stellt Start-Ups häufig vor Probleme oder zwingt sie, Ideen wieder zu verwerfen. Neue, revolutionäre Geschäftsmodelle stehen vor der Herausforderung, die Köpfe der Menschen in Bewegung zu setzen und sie bei der Einführung neuer Produkte an die Hand zu nehmen. Deshalb ist es für solche Modelle besonders wichtig, sie mit spielerischen Elementen zu verbinden und Erfolgsergebnisse darzubieten.

PaperC verfolgt Open Innovation hauptsächlich auf einer zwischenmenschlichen Ebene: Die Hierarchien sind flach, Ideen werden angehört und gefördert. Das ist nur möglich, wenn der Unternehmenskern dieselbe Sprache spricht wie die Mitarbeiter. Berührungsängste nach außen, auch zu Konkurrenten, gibt es nicht. Dennoch ist es für *PaperC* bedeutsam, bestimmte Elemente nicht auszulagern – wie bei *Log.os* ist das auch hier unter anderem die Software-Entwicklung. Diese zählt für Fröhlich zu den wertvollsten Assets des Unternehmens und muss unbedingt intern entwickelt werden. Dennoch will man nach außen den Mehrwert des Produkts aufzeigen und zeigt sich deshalb vor allem im informellen Austausch sehr offen.

3.4.3 Ergebnisanalyse der Start-Up-Befragung

Obwohl das Verständnis von Innovation bei den Befragten unterschiedlich ausfällt und sowohl auf Ökonomie als auch auf Personalentwicklung gerichtet ist, lassen sich viele Gemeinsamkeiten in der Analyse erkennen.

Beide Befragten stellen die Geschäftsmodell-Innovation in den Vordergrund und betonen die Wichtigkeit und Notwendigkeit von Innovationen innerhalb der Buchbranche. Sie sehen zudem ein bedeutsames Potenzial in Open Innovation, wenn auch kein Allheilmittel. Es ist für die

Start-Up-Gründer besonders wichtig, den Kundennutzen immer im Blick zu haben und die Mitarbeiter sowie die Unternehmensführung durch flache Hierarchien möglichst miteinander zu verbinden. Das soll auch die Authentizität gegenüber den Kunden fördern. Beide Unternehmen wollen zudem einen Mehrwert für die Gesellschaft schaffen und stehen von daher Kunden- und Nutzermeinungen besonders offen gegenüber. Ebenso wird mit anderen Branchenteilnehmern offen diskutiert, um die Modelle weiterzuentwickeln und einen höheren Qualitätsstandard zu erreichen. Interessant ist vor allem, dass beide Befragten die Software-Entwicklung als Kernkompetenz des jeweiligen Start-Ups formulieren und darauf bedacht sind, diese innerhalb des Unternehmens aufzubauen. Das widerlegt die Annahme, dass die betrachteten Start-Ups wegen ihrer Technikaffinität auf externes Knowhow angewiesen seien und deshalb eher zu Open Innovation neigen würden als traditionelle Verlage. Es ist sogar umgekehrt, die Verlagsbefragung zeigt, dass traditionelle Unternehmen der Buchbranche vor allem beim Aufbau des digitalen Know-hows auf offene Innovationsprozesse angewiesen sind. Den Befragten sind die Risiken der Open Innovation bewusst und sie fokussieren sich auf den Ausbau ihre Kernkompetenzen innerhalb des Unternehmens.

Die Interviews zeigen, dass junge Unternehmen besonders offen für informellen Austausch sind und ihre Projekte, Ideen und Geschäftsmodelle gerne über die Unternehmensgrenzen hinaustragen. Dabei stehen vor allem Feedback und Anregungen von Externen im Vordergrund, Ziel dabei ist es, sich weiterzuentwickeln. Somit lässt sich festhalten, dass die untersuchten Start-Ups teilweise schon von Open Innovation profitieren, jedoch das Potenzial dieses Konzepts noch nicht in vollen Zügen ausschöpfen. Dennoch sind sie, was die Buchbranche insgesamt betrifft, in innovativen Denkweisen und Strukturen weit vorne.

4 QUO VADIS OPEN INNOVATION? STAND DER OPEN INNOVATION IN DER BUCHBRANCHE

Nachdem in dieser Arbeit bisher das Konzept der Open Innovation erläutert und der Innovationsstand der Buchbranche anhand von Expertengesprächen und Fallbeispielen untersucht wurde, soll in diesem Kapitel der Mehrwert der Open Innovation herausgearbeitet und der Entwicklungsstand innerhalb der Buchbranche untersucht werden. Daraus sollen Handlungsempfehlungen für die Buchbranche bezüglich des Innovationsmanagements abgeleitet und die die Anwendbarkeit von Open Innovation in der Buchbranche kritisch betrachtet werden.

So stellt sich die Frage: Quo vadis Open Innovation? Wohin soll das Konzept der Open Innovation führen? Chesbrough sieht die Entwicklung positiv und meint:

Open Innovation will enable knowledge and ideas to find greater use, in a wider variety of possibilities and configurations, than was previously possible. Overall, this can be a source of further value creation in society and can enable new ways to capture some portion of that value for firms in the society.[119]

In den Expertengesprächen und Auswertungen der Interviews zeigt sich ebenfalls dieses Verständnis von Open Innovation. Der Ideenfluss und der neue Input wurden stets als enormer Vorteil betrachtet. Dennoch haben die Verlage Angst und auch die Experten warnen vor einer zu breiten Öffnung, die dazu führen kann, dass Ideen abgegriffen werden. Jedoch ist eben diese Öffnung genau das, wovon Open Innovation lebt. Dabei geht es nicht darum, alle Zahlen und Daten eines Unternehmens offenzulegen, vielmehr treten Unternehmen mit konkreten Vorstellungen und Zielen an die Öffentlichkeit.

119 Chesbrough: Open Innovation, S. 191.

Nicht jedes Detail muss preisgegeben werden, die Unternehmen konzentrieren sich auf bestimmte Entwicklungsprozesse und kombinieren ihre Kompetenzen, um dadurch schneller und effizienter Innovationen auf den Markt zu bringen.[120] Haben Unternehmen verstanden, dass die Öffnung bestimmter Prozesse nicht zwangsläufig zu Wissensabfluss führt, sondern die Wettbewerbsfähigkeit steigern kann, werden die Vorteile der Open Innovation deutlich. Zusammenfassend lassen sich vor allem »Wissenszuwachs durch Lernprozess mit Partnern, Bewältigung gestiegener Anforderungen, Ermöglichung von radikalen Innovationen, Minimierung von Risiko und Ressourceneinsatz, Effizienzsteigerung, Pflege bestehender Geschäftsbeziehungen [und] Erhöhung der Sichtbarkeit«[121] als Vorteile nennen. Die Expertengespräche stellen vor allem den Wissenszuwachs, die Bewältigung von gestiegenen Marktanforderungen sowie die Minimierung der finanziellen Ressourcen in den Vordergrund. Für Verlage und Start-Ups ist der Wissenszuwachs die tragende Säule der offenen Innovationsprozesse, sie wollen durch externes Know-how dazulernen und eigene Kompetenzen aufbauen. Somit wird deutlich, dass die Buchbranche durchaus von dem Ansatz der Open Innovation profitieren kann. Doch birgt Open Innovation auch Nachteile. Dazu zählen vor allem strategische Risiken wie Wissensabfluss, Fehlinvestitionen, erhöhte Komplexität, mangelnde Differenzierung von Konkurrenten sowie Kooperationsrisiken.[122]

Trotz der Nachteile, die ernstzunehmend sind, bietet Open Innovation Möglichkeiten und Chancen, die andere Innovationsprozesse nicht bieten können. Die befragten Experten sehen den Mehrwert – zusätzlich zu den bereits genannten Vorteilen – in frühen Markttests, höherer Innovationsgeschwindigkeit und Anregungen aus anderen Branchen. Sie alle, wie auch die befragten Verlage und Start-Ups, behandeln Open Innovation nicht als Musterlösung, halten sie aber für einen guten Ansatz, um den aktuellen Umbruch und die Herausforderungen des sich aufgrund der Digitalisierung wandelnden Markts bewältigen zu können. Vor allem um gegen die globalen Wettbewerber bestehen zu können, ist eine Abkehr von einem

---

120 Vgl. Neun, Winfried: Innovationen im Mittelstand erfolgreich managen. 25 Tipps für die praktische Umsetzung. Wiesbaden: Springer Gabler 2015, S. 63.
121 Herstatt/Nedon: Open Innovation – Eine Bestandsaufnahme aus Sicht der Forschung und Entwicklung, S. 263.
122 Vgl. Enkel, Ellen: Chancen und Risiken von Open Innovation. In: Kommunikation als Erfolgsfaktor im Innovationsmanagement. Strategien im Zeitalter der Open Innovation. Hrsg. von Ansgar Zerfaß u. Kathrin M. Möslein. Wiesbaden: Gabler 2009, S. 177–192, hier S. 187f.

rein innerbetrieblichen Innovationsprozess notwendig.[123] Um die Öffnung des Innovationsprozesses effektiv umzusetzen, ergeben sich laut Enkel und Gassmann mehrere Handlungsempfehlungen, die auf die Buchbranche übertragen werden können. Dazu gehören Einführung von Innovationstagen, sowohl unternehmensintern als auch mit Lieferanten oder Händlern, Einbindung von Kunden in bestimmte Innovationsphasen, Errichtung von Innovationsnetzwerken, Nutzung der Intelligenz der Masse, Förderung von Diversität sowie Förderung der Open Innovation aus dem Unternehmenskern heraus.[124] Wie sich während der Befragung herausstellte, werden Innovationstage, Crowdsourcing und Ideenwettbewerbe schon betrieben. Die Einbindung von Lieferanten, Händlern oder anderen Wettbewerbern wurde bisher innerhalb der Buchbranche kaum etabliert und ist noch ausbaufähig. Jedoch stellen alle Befragten heraus, dass Innovation und Kreativität in der Unternehmenskultur verankert sein müssen, um Neuerungen erfolgreich durchzusetzen. Das scheint für die Buchbranche ein wichtiger Punkt zu sein, vor allem weil hier angesetzt werden muss, um Open Innovation überhaupt als tragfähigen Innovationsprozess in ein Unternehmen eingliedern zu können.

Abschließend lässt sich sagen, dass Open Innovation für die Buchbranche an Bedeutung gewinnen kann, wenn ein Umdenken im Unternehmenskern stattfindet. Start-Ups haben weniger Angst vor Konkurrenz und Wissensabfluss, sind sich aber bewusst, dass Kernkompetenzen ein Unternehmen ausmachen und deshalb nicht ausgelagert werden dürfen. Verlage können sich an diesem Prinzip orientieren, müssen aber vor allem im digitalen Bereich aufholen und Kompetenzen innerhalb des Unternehmens aufbauen. Das funktioniert jedoch nur, wenn sie sich zu Beginn die Hilfe externer Experten einholen. Folglich kann Open Innovation vor allem auf diesem Gebiet hilfreich sein und in der Buchbranche Anwendung finden. »Innovation bedeutet immer, das Gewohnte zu verlassen. Das beinhaltet Risiko und erfordert Mut«[125], wird aber vom Kunden und Nutzer belohnt werden, denn diese sind schon im neuen Zeitalter der Digitalisierung angekommen und fordern das gleichermaßen von der Buchbranche.

---

123 Vgl. Hochmeier: Kritische Erfolgsfaktoren im Innovationsmanagement, S. 33.
124 Vgl. Enkel/Gassmann: Neue Ideenquellen erschließen, S. 10f.
125 Bösch/Müller/Schlüter: Studie zu Erfolgsfaktoren für strategische Innovationen im Buchmarkt, S. 56.

5 FAZIT

Ziel dieser Arbeit ist es, Open Innovation sowohl als theoretisches Konzept und innovationsförderndes Managementinstrument zu analysieren als auch den Diskurs über Innovation und Innovativität in der Buchbranche anzuregen. Es stellt sich heraus, dass die Strategie der Open Innovation erfolgreich in der Buchbranche etabliert werden kann und bereits von einigen Verlagen und Start-Ups umgesetzt wird. Dabei wird deutlich, dass der Erfolg dieses Ansatzes von der richtigen Balance zwischen interner und externer Entwicklung abhängt. Die Kernkompetenzen eines Unternehmens dürfen durch den offenen Innovationsprozess nicht gefährdet werden, dennoch sollte die Buchbranche sich von rein unternehmenszentrierten Strategien abwenden und eine gewisse Offenheit im Unternehmenskern verankern. Dadurch kann Kreativität gefördert und Innovativität gesteigert werden.

Die Begriffe der Innovation und Innovativität wurden ausführlich diskutiert und von den jeweiligen Befragten mit unterschiedlichen Schwerpunkten definiert, daraus ergibt sich der Innovationsstand der Buchbranche. Es zeigt sich, dass Verlage und Start-Ups unterschiedlich mit Innovation und Tradition umgehen und keine allgemeingültige Aussage über die Innovationsfähigkeit der gesamten Buchbranche getroffen werden kann. Sowohl traditionelle Verlage als auch junge Start-Ups konnten ihre Innovationsprozesse erläutern und zeigen, dass die Buchbranche vor allem durch ihre Unterschiedlichkeit und Diversität lebt. Ebenso wurde deutlich, dass es noch keine einheitlichen Maß- oder Kennzahlen innerhalb der Branche für Innovativität gibt. Jedes Unternehmen definiert diesen Begriff für sich selbst – dadurch ergeben sich, auch bezüglich des Konzepts der Open Innovation, abweichende Schwerpunkte. Inside Out- und Outside In-Prozesse finden in der Buchbranche Anwendung, werden von den Befragten jedoch nie konkret benannt. Es wird stattdessen von Austausch, Wissensabfluss, Input und Impulsen gesprochen. Crowdsourcing und Ideenwettbewerbe sind hingegen in der Buchbranche bekannte Begriffe, die auch innerhalb der Befragungen thematisiert wurden. Ebenso die Geschäftsmodell-Innovation, welche von den Experten und Start-Ups besonders hervorgehoben wird. Die Ansätze, die die befragten Mitarbeiter für erfolgreiche Innovation herausstellen, sind weitestgehend deckungsgleich, rücken vor allem Mitarbeiter, Kunden und Nutzer in den Fokus und beschreiben hauptsächlich Produkt- und Prozessinnovationen. Das Innovationsmanagement scheint in den verschiedenen Unternehmen der Buchbranche ähnlich abzulaufen, bei Start-Ups ist dennoch eine andere Entwicklung zu beobachten als in traditionellen Verlagen. Die befragten Start-Ups sind sich ihrer Rolle innerhalb des digitalen Wandels bewusst und wollen diesen aktiv nutzen und mitgestalten. Verlage halten derzeit noch sehr an ihrer traditionsgebundenen Rolle fest, haben digitale Produkte zwar im Programm, die Geschäfts- und Erlösmodelle sind jedoch nicht an die neuen Marktbedingungen angepasst. Das kann zu einem Rückgang des Erlösmodells führen und Verlage vor enorme Schwierigkeiten stellen.

Open Innovation zeigt eine Möglichkeit auf, die Herausforderungen der neuen Marktstrukturen zu bewältigen und durch Kooperationen, Freundschaften, Beziehungen und den regen Wissensaustausch, Kompetenzen, vor allem im Technologiebereich, aufzubauen. Open Innovation stellt dabei keine Musterlösung dar und die Risiken müssen abgewogen werden. Nicht für alle Unternehmen sind offene Prozesse geeignet. Innovation darf nicht aus Frustration heraus entstehen oder als Zwang formuliert werden. Sie funktioniert allerdings auch nicht, wenn nicht das gesamte Unternehmen eine innovative Grundeinstellung einnimmt und eine Fehlerkultur etabliert.

Abschließend sei gesagt, dass ein gutes Innovationsmanagement einen großen Mehrwert für das jeweilige Unternehmen darstellt. Open Innovation kann helfen – vor allem wenn ein Unternehmen bestimmte Kompetenzen noch aufbauen muss – dieses erfolgreich zu etablieren. Für die Buchbranche ist ein angeregter Austausch über Innovationsmanagement wünschenswert. Ebenso würde die Einführung bestimmter Maßzahlen und Definitionen der Branche weiterhelfen, sich als Einheit zu formieren und den Wandel der Medienlandschaft mitzugestalten und nicht gegenüber den globalen Wettbewerbern Marktmacht einzubüßen. Dafür muss jedoch zu allererst der

Diskurs angeregt werden. Schließlich müssen Unternehmen lernen, ihre Schwächen einzugestehen und Hilfe von außen anzunehmen, dann kann der Schritt vom Umdenken zum Handeln getan und Open Innovation gewinnbringend eingeführt werden.

LITERATURVERZEICHNIS

Forschungsliteratur

Adelhelm, Silvia: Geschäftsmodellinnovationen. In: Open Innovation in Life Sciences. Konzepte und Methoden offener Innovationsprozesse im Pharma-Mittelstand. Hrsg. von Andreas Braun, Elisabeth Eppinger, Gergana Vladova u. Silvia Adelhelm. Wiesbaden: Springer Gabler 2012, S. 53–82.

Ammon, Thomas/Brem, Alexander: Von Gutenberg zu Steve Jobs. Herausforderungen und Lösungen der Business Model Innovation dargestellt am Beispiel von (Fach-)Verlagen. In: Kompendium Geschäftsmodell-Innovation. Grundlagen, aktuelle Ansätze und Fallbeispiele zur erfolgreichen Geschäftsmodell-Innovation. Hrsg. von Daniel Schallmo. Wiesbaden: Springer Gabler 2014, S. 319–347.

Bergmann, Gustav/Daub, Jürgen: Systemisches Innovations- und Kompetenzmanagement. Grundlagen – Prozesse – Perspektiven. Wiesbaden: Gabler 2006.

Bösch, Ulla/Müller, Ulrike/Schlüter, Okke: Studie zu Erfolgsfaktoren für strategische Innovationen im Buchmarkt. 2014.

Bruhn, Manfred: Marketing. Grundlagen für Studium und Praxis. 12., überarbeitete Auflage. Wiesbaden: Springer Gabler 2014.

Chesbrough, Henry: Open Innovation: A New Paradigm for Understanding Industrial Innovation. In: Open Innovation: Researching a New Paradigm. Hrsg. von Henry Chesbrough, Wim Vanhaverbeke u. Joel West. New York: Oxford University Press 2006, S. 1–12.

–: Open Innovation. The New Imperative for Creating and Profiting from Technology. Boston: Harvard Business School Press 2003.

Chesbrough, Henry/Crowther, Adrienne Kardon: Beyond high tech: early adopters of open innovation in other industries. In: R&D Management 36 (2006) 3, S. 229–236.

Chesbrough, Henry/Enkel, Ellen/Gassmann, Oliver: Open R&D and open innovation: exploring the phenomenon. In: R&D Management 39 (2009) 4, S. 311–316.

–: The future of open innovation. In: R&D Management 40 (2010) 3, sS. 213–221.

DeBono, Edward: Steinzeit-Denken im Zeitalter des Computers. In: Management von Innovation und Wachstum. Hrsg. von Arthur D. Little. Wiesbaden: Gabler 1997, S. 19–28.

Dömötör, Rudolf: Erfolgsfaktoren der Innovativität von kleinen und mittleren Unternehmen. Wiesbaden: Springer Gabler 2011.

Enkel, Ellen: Chancen und Risiken von Open Innovation. In: Kommunikation als Erfolgsfaktor im Innovationsmanagement. Strategien im Zeitalter der Open Innovation. Hrsg. von Ansgar Zerfaß u. Kathrin M. Möslein. Wiesbaden: Gabler 2009, S. 177–192.

Helfferich, Cornelia: Die Qualität qualitativer Daten: Manual für die Durchführung qualitativer Interviews. 4. Auflage. Wiesbaden: VS Verlag 2011.

Herstatt, Cornelius/Nedon, Verena: Open Innovation – Eine Bestandsaufnahme aus Sicht der Forschung und Entwicklung. In: Motoren der Innovation. Zukunftsperspektiven der Innovationsforschung. Hrsg. von Carsten Schultz u. Katharina Hölzle. Wiesbaden: Springer Gabler 2014, S. 247–266.

Hochmeier, Alexander: Kritische Erfolgsfaktoren im Innovationsmanagement. Aktuelle Handlungspraxis und Werkzeuge zur Identifikation von Handlungsbedarfen. Wiesbaden: Springer Gabler 2012.

Mayer, Horst Otto: Interview und schriftliche Befragung. Grundlagen und Methoden empirischer Sozialforschung. 6. überarbeitete Auflage. München: Oldenbourg 2013.

Meier, Anja S.: Open Innovation – Der Kunde als Innovationspartner. In: Innovationsorientierte Personalentwicklung. Konzepte, Methoden und Fallbeispiele für die Praxis. Hrsg. von Benjamin Schültz, Philipp Strothmann, Claudia T. Schmitt u. Lothar Laux. Wiesbaden: Springer Gabler 2014, S. 223–240.

Meuser, Michael/Nagel, Ulrike: Experteninterviews – vielfach erprobt, wenig bedacht. Ein Beitrag zur qualitativen Methodendiskussion. In: Qualitativ-empirische Sozialforschung: Konzepte, Methoden, Analyse. Hrsg. von Detlef Garz u. Klaus Kraimer. Opladen: Westdeutscher Verlag 1991, S. 441–471.

Möslein, Kathrin M./Neyer, Anne-Katrin: Open Innovation. Grundlagen, Herausforderungen, Spannungsfelder. In: Kommunikation als Erfolgsfaktor im Innovationsmanagement. Strategien im Zeitalter der Open Innovation. Hrsg. von Ansgar Zerfaß u. Kathrin M. Möslein. Wiesbaden: Gabler 2009, S. 85–103.

Neun, Winfried: Innovationen im Mittelstand erfolgreich managen. 25 Tipps für die praktische Umsetzung. Wiesbaden: Springer Gabler 2015.

Piller, Frank/Reichwald, Ralf: Interaktive Wertschöpfung. Open Innovation, Individualisierung und neue Formen der Arbeitsteilung. 2., vollständig überarbeitete und erweiterte Auflage. Wiesbaden: Gabler 2009.
Schallmo Daniel: Geschäftsmodell-Innovation. Grundlagen, bestehende Ansätze, methodisches Vorgehen und B2B-Geschäftsmodelle. Wiesbaden: Springer Gabler 2013.
Wirtz, Bernd W.: Business Model Management: Design – Instrumente – Erfolgsfaktoren von Geschäftsmodellen. 3. Auflage. Wiesbaden: Springer Gabler 2013.

Quellen

Gedruckte Quellen

Buch und Buchhandel in Zahlen 2014. Hrsg. vom Börsenverein des Deutschen Buchhandels e.V. Frankfurt am Main: MVB Marketing- u. Verlagsservice des Buchhandels GmbH 2014.
Enkel, Ellen/Gassmann, Oliver: Neue Ideenquellen erschließen – Die Chancen von Open Innovation. In: Marketing Review St. Gallen (2009) 2, S. 6–11.
–: Open Innovation. Die Öffnung des Innovationsprozesses erhöht das Innovationspotenzial. In: Zeitschrift Führung und Organisation 75 (2006) 3, S. 132–138.
Füller, Johann u.a.: Ideenwettbewerbe als innovatives Markenbildungsinstrument. In: Marketing Review St. Gallen (2010) 4, S. 26–34.
Hammon, Larissa/Hippner, Hajo: Crowdsourcing. In: Wirtschaftsinformatik (2012) 3, S. 165–168.
Klein-Bölting, Udo u.a.: Die Intelligenz der Märkte nutzen: Open Innovation. In: BBDO Consulting Insights (2008) 8, S. 54–63.
Leimeister, Jan Marco: Crowdsourcing. In: Zeitschrift für Controlling und Management 56 (2012) 6, S. 388–392.
–: Kollektive Intelligenz. In: Wirtschaftsinformatik (2010) 4, S. 239–242.
Ortmann, Yvonne: PaperC im Startup-Porträt: Auf dem Weg zur Fachbuch-Flatrate. In: t3n Magazin (2012) 29, S. 87–90.
Wilking, Thomas/Zielberg, Daniela: Analyse. Die 100 größten Verlage. In: Buchreport Magazin 46 (2015) 4, S. 40–86.

Online Quellen

Hüsing, Alexander: PaperC ist das Start-up des Jahres. In: Website der deutschen Startups vom 30.11.2009. URL: http://www.deutsche-startups.de/2009/11/30/paperc-ist-das-start-up-des-jahres/ [22.06.2015].

O.A.: AKEP Award – and the winners are. In: Website des Börsenblatts vom 18.06.2009. URL: http://www.boersenblatt.net/325700/ [22.06.2015].

O.A.: Impressum. In: Website von book2look publishing. URL: http://www.b2l-publishing.de/impressum.aspx [22.06.2015].

O.A.: Innovation. In Website des Duden. URL: http://www.duden.de/rechtschreibung/Innovation [22.06.2015].

O.A.: Kommission Geschäftsmodelle gründet sich als KannWas.Club neu. In: Website des Börsenblatts vom 07.01.2015. URL: http://www.boersenblatt.net/856369/ [22.06.2015].

O.A.: Log.os wird in Form einer GmbH & Co. KG vorangetrieben. Firmengründung beschlossen. In: Website des Buchreports vom 30.04.2015. URL: http://www.buchreport.de/nachrichten/online/online_nachricht/datum/2015/04/30/-3ea42bc406.htm [22.06.2015].

O.A.: Michaela Wied. In: Website des Börsenblatts. URL: http://www.boersenblatt.net/artikel-michaela_wied.948207.html [22.06.2015].

O.A.: PaperC. In: Website der Gründerszene. URL: http://www.gruenderszene.de/datenbank/unternehmen/paperc [22.06.2015].

O.A.: Prof. Dr. Okke Schlüter. In: Website der Hochschule der Medien, Stuttgart. URL: https://www.hdm-stuttgart.de/kontakt/suche_ergebnis_liste?Id=6361525 [22.06.2015].

O.A.: Was ist PaperC? In: Website von PaperC. URL: https://paperc.com/free-books [22.06.2015].

O.A.: Worum geht´s? In: Startseite der Website von Log.os. URL: https://logos.vision/ [22.06.2015].

Weigert, Martin: Fachbuch-Startup PaperC: So viel Ausdauer sieht man selten. In: Website von Förderland vom 19.02.2014. URL: http://www.foerderland.de/digitale-wirtschaft/netzwertig/news/artikel/fachbuch-startup-paperc-so-viel-ausdauer-sieht-man-selten/ [22.06.2015].